STEPHEN BERTMAN, PH.D.

OS OITO PILARES DA SABEDORIA GREGA

SEXTANTE

Título original: *The Eight Pillars of Greek Wisdom*

tradução
Maria Luiza Newlands

preparo de originais
Cristiane Pacanowski

revisão
Hermínia Totti, Milena Vargas e Tereza da Rocha

projeto gráfico e diagramação
DTPhoenix Editorial

capa
Victor Burton

Imagem de capa
Bill Heinsohn / Getty Images

impressão e acabamento
Lis Gráfica e Editora Ltda.

CIP-BRASIL. CATALOGAÇÃO-NA-FONTE
SINDICATO NACIONAL DOS EDITORES DE LIVROS, RJ

B462o Bertman, Stephen
Os oito pilares da sabedoria grega / Stephen Bertman [tradução de Maria Luiza Newlands]; Rio de Janeiro: Sextante, 2011.

Tradução de: The eight pillars of Greek wisdom
ISBN 978-85-7542-640-1

1. Sabedoria. 2. Filosofia antiga. I. Título.

CDD: 180
11-0432 CDU: 1(38)

GMT Editores Ltda.
Rua Voluntários da Pátria, 45 – Gr. 1.404 – Botafogo
22270-000 – Rio de Janeiro – RJ
Tel.: (21) 2538-4100 – Fax: (21) 2286-9244
E-mail: atendimento@esextante.com.br
www.sextante.com.br

Aquele que avança confiante na direção de seus sonhos e se empenha em levar a vida que imaginou encontrará sucesso inesperado nas horas corriqueiras.

Henry David Thoreau, *Walden*

Sumário

PRÓLOGO

Sabedoria alienígena: um legado à espera

Há mais de 50 anos, na noite de 4 de julho de 1947, ocorreu um acidente aéreo no deserto próximo a Roswell, no estado americano do Novo México. As testemunhas afirmaram que a aeronave que caiu tinha uma aparência estranha e parecia ser de outro mundo.

No local foram descobertos fragmentos de um metal extraordinariamente leve que, se comprimido, voltava à forma original. Em um deles havia uma inscrição esquisita, diferente de todas as línguas existentes na Terra. Perto dos destroços, também foram encontrados seres que não tinham forma humana – sobreviventes que morreram logo depois sem contar sua história.

O que caiu em Roswell foi uma espaçonave de outro planeta, quem sabe de outra galáxia ou dimensão, um veículo extraterrestre que fizera uma viagem incrivelmente longa através do tempo e do espaço. Não é de surpreender que tudo isso seja negado por fontes oficiais do governo.

E se aconteceu *de fato*? E se for tudo verdade?

O que esses visitantes de outro mundo poderiam ter nos ensinado? Que sabedoria poderiam ter nos transmitido sobre o Universo, a vida e talvez até a respeito de nós mesmos?

Sem dúvida, seríamos tolos se não os escutássemos, se não tentássemos decifrar a estranha inscrição, se não examinássemos os destroços para procurar mais provas.

A verdade é que essa sabedoria já está à nossa disposição. Escrita em estranhos caracteres, se encontra espalhada por ruínas e viajou milhares de anos para chegar até nós. É a sabedoria de nosso próprio passado, sobrevivente de um mundo perdido que existia antigamente. Ela continua a existir entre os destroços de cidades soterradas, templos abandonados e manuscritos esfacelados criados há mais de 20 séculos: é a sabedoria da Grécia clássica.

Nossa missão, portanto, é recuperar os artefatos e a literatura dessa civilização perdida, decifrar sua escrita, interpretar seus textos e ver se podemos ou devemos aplicar esses ensinamentos antigos à nossa vida atual.

Mas em que consiste essa suposta sabedoria? E por que é "estranha" ao nosso mundo?

AS LIÇÕES DA GRÉCIA ANTIGA

Quais são os ensinamentos que os gregos antigos nos deixaram como legado? Em primeiro lugar, que nossa vida é breve e frágil e, portanto, preciosa demais para ser desperdiçada. Afinal, esta é a única vida que temos.

Em segundo lugar, que não sabemos o que somos até nos dispormos a descobrir quem podemos ser. Dentro de nós se esconde um potencial ainda não realizado, uma pessoa que ainda iremos nos tornar. Mas só com esforço podemos nos transformar nessa pessoa, pois cada um de nós tem uma odisseia espiritual a enfrentar, uma jornada através do tempo.

No entanto, não podemos realizar essa viagem sozinhos. Vamos precisar da ajuda e do amor dos outros para chegar ao nosso destino. E eles também vão precisar de nós se quiserem nos acompanhar nessa aventura.

Sem dúvida, encontraremos grandes obstáculos e tentações ao longo do percurso, como o impulso de nos deixarmos levar pela correnteza, de nos submetermos à vontade dos outros, de abandonarmos os próprios sonhos. O maior obstáculo, porém, não está no exterior, mas dentro de nós mesmos: o desejo de permanecer como somos em vez de nos tornarmos o que ainda podemos ser. O maior adversário é nosso inimigo interior, pois em nosso íntimo se escondem emoções sombrias e destrutivas. Mas também é lá que reside a luz da razão que pode nos levar ao autoconhecimento.

É preciso viver com paixão e ter cuidado com a sedução. Caso sejamos obrigados a escolher entre uma vida de empenho apaixonado e uma existência tranquila e confortável, devemos optar pela paixão, não pelo conforto. O mais importante, porém, não é o prazer que obtemos, mas o alimento de nossa alma. Isso é, e sempre será, o que nos diferencia dos animais.

MUNDOS SEPARADOS

Você deve estar se perguntando por que defini essa sabedoria não simplesmente como antiga, mas como alienígena, estrangeira. Evidentemente, ela vem de um mundo que não é o nosso, de uma cultura muito diferente desta que conhecemos. E pelo fato de estarmos habituados a nossa cultura e de vivermos inseridos nela, nosso condicionamento nos impede de aceitar abertamente esses ensinamentos como verdadeiros. Eles parecem estranhos ao nosso modo de pensar, aos nossos valores culturais.

Vivemos numa sociedade materialista e com mais fartura do que qualquer outra jamais teve. As pessoas dão mais importância a ter poder e possuir coisas do que a algo abstrato como o espírito humano. É comum ouvir que somos o que temos, que a felicidade deriva da propriedade e do uso de bens, e que quanto mais possuirmos, mais felizes seremos. Essa ideia nos é comunicada verbalmente pela propaganda, mas também é transmitida por meio das imagens que nos cercam e dos exemplos de sucesso que são alardeados.

Vivemos numa sociedade tecnológica impulsionada pela velocidade. Por essa razão, perdemos a oportunidade de pensar e refletir sobre o significado e o objetivo de nossas vidas. A velocidade de fato freia o processo de pensamento e reflexão, e assim acabamos ficando sem perspectiva. Por outro lado, ela nos proporciona a euforia do estímulo sensorial. Na verdade, seria contraproducente – e até subversivo –, em termos econômicos, se muita gente examinasse as premissas inquestionáveis sobre as quais nossa sociedade foi construída. Sendo assim, continuamos em movimento, com a velocidade apoiada por interesses corporativos que lucram com nosso vício pela rapidez.

Apesar de os computadores estarem abarrotados de dados, eles não têm sabedoria. Mas temos todas as respostas de que possamos precisar – o que nos falta são as perguntas, que poderiam dar sentido e objetivo ao vazio que tanto nos aflige.

O progresso tecnológico e material enfatiza que o que é velho se tornou obsoleto e inútil, de modo que desviamos os olhos do passado e nos afastamos das questões contraculturais que poderiam ser os meios para conseguirmos nossa liberação pessoal e social.

A MORTE DA PERMANÊNCIA

Vivemos numa hipercultura que evolui depressa demais, pondo em risco o bem da humanidade. Somos governados pelo poder do *agora*, pela ditadura de um presente insistente, intolerante e irreconciliável com qualquer outra dimensão do tempo.

Em uma sociedade assim, poucas coisas duram ou foram feitas para durar. Em um ambiente como esse, não existe espaço para um compromisso apaixonado, pois não há nada permanente com que valha a pena se envolver. É difícil encontrar alguém que tenha a noção de obrigação com qualquer coisa além de si próprio.

Estamos assistindo à morte da permanência, ao fim das coisas que proporcionavam satisfação e bem-estar às pessoas no passado e serviam como fontes de orientação moral para a humanidade.

Até o próprio passado está sendo esquecido à medida que deixamos de recorrer à história e às nossas origens para relembrar o que ficou para trás. Afetados por essa amnésia cultural – o equivalente social ao mal de Alzheimer –, ficamos perdidos e confusos em ambientes familiares.

Aonde quer que vamos, a sensação de urgência nos oprime. No entanto, não é a urgência natural de querer reencontrar nosso caminho. É uma sensação artificial que se impõe às nossas vidas, que nos exige respostas a cada solicitação externa na velocidade da luz. E é essa mesma falsa urgência que está quase dilacerando a trama de nossas vidas.

A IMPERFEIÇÃO GREGA

Os gregos antigos não possuíam todas as respostas. Afinal, eles também fracassaram muitas vezes.

Nem eles nem seu mundo eram perfeitos. Não dispunham das comodidades que temos nem de muitas coisas que atualmente consideramos necessidades indispensáveis. E naquela época a vida era mais perigosa e mais curta do que hoje.

Além disso, os gregos nem sempre viveram de acordo com os ideais que tanto valorizavam. Na verdade, quando perseguiam cegamente esses ideais, às vezes causavam tragédias.

Mas os gregos antigos tinham o hábito de questionar a realidade à sua volta e formularam diversas perguntas nos campos da literatura e da arte com um entusiasmo jamais igualado por qualquer outro povo. Levavam a vida a sério – não a ponto de não serem capazes de rir dela ou de si mesmos, mas o suficiente para direcionar o poder da inteligência crítica para si mesmos e para seus próprios defeitos. Esses questionamentos persistentes são o legado que eles nos deixaram.

UM DESAFIO DO PASSADO

Os filósofos gregos nos aconselham a interromper a marcha acelerada, de modo que seja possível parar a fim de refletir e não perder de vista a pessoa que poderíamos nos tornar. A sabedoria da Grécia antiga nos incentiva a transformar nossa frenética hipercultura em algo mais humano antes que seja tarde. Se não pudermos salvar o mundo, comecemos tentando salvar a nós mesmos e aqueles a quem amamos, pois é dessas pequenas e contínuas mudanças que pode vir a surgir um novo mundo.

É importante lembrar que os gregos antigos não eram alienígenas nem deuses, mas, na verdade, humanos como nós. Afinal, se até eles, com todas as suas imperfeições, foram capazes de dar início a uma Era de Ouro, nós também somos.

INTRODUÇÃO

Os oito pilares da sabedoria grega

A CADA AMANHECER EM ATENAS, o sol nascente ilumina a entrada do Partenon, o mais famoso monumento da Grécia antiga. Construído no alto da Acrópole há quase 25 séculos, o templo de mármore celebra a glória daquele país.

Tal como as oito grandes colunas que ainda sustentam a entrada do templo, existem oito pilares ideológicos nos quais a civilização grega se fundamenta, oito princípios que explicam seu poder criativo e duradouro.

Em separado, cada um dos princípios representa uma ideia única e dinâmica. Juntos, constituem uma perspectiva que pode transformar nossas vidas.

Estes são os oito pilares da sabedoria grega e sua mensagem para nós:

HUMANISMO

"Orgulhe-se de suas aptidões humanas e acredite em sua capacidade de realizar grandes coisas."

BUSCA DA EXCELÊNCIA

"Procure ser hoje melhor do que você foi ontem e, amanhã, melhor do que foi hoje."

PRÁTICA DA MODERAÇÃO

"Cuidado com os extremos, porque neles reside o perigo."

AUTOCONHECIMENTO

"Identifique e compreenda suas fraquezas e seus pontos fortes."

RACIONALISMO

"Busque a verdade utilizando o poder de sua mente."

CURIOSIDADE INCANSÁVEL

"Procure saber o que as coisas realmente são, não simplesmente o que parecem ser."

AMOR À LIBERDADE

"Somente quando somos livres podemos encontrar a realização."

INDIVIDUALISMO

"Orgulhe-se de ser quem é: um indivíduo único."

Por meio do individualismo, nos vemos como seres únicos. No entanto, só podemos nos conscientizar dessa singularidade através do amor à liberdade. Num ambiente em que ela existe, nossa curiosidade pode fluir sem obstáculos. Quando formulamos perguntas, fortalecemos nossa capacidade racional. Quando usamos a razão, aprofundamos o autoconhecimento. Quando nos compreendemos, aprendemos a importância da prática da moderação e da busca da excelência. E, ao exercê-las, desenvolvemos nosso potencial, nos mantendo fiéis ao conceito de humanismo.

Nos capítulos a seguir, apresentaremos em detalhes cada um desses princípios e examinaremos seus significados para nossa vida. Na busca de conhecimento, iremos analisar as lendas e os mitos gregos, cujos deuses e heróis nos fascinam até hoje.

Entretanto, antes de tentar compreender *em que* os gregos acreditavam, é preciso entender primeiro *em quem* eles acreditavam.

SEMELHANÇAS ENTRE DEUSES E HUMANOS

A Bíblia nos diz que Deus criou o homem à sua imagem e semelhança. Os gregos antigos, por outro lado, criaram o divino de acordo com sua própria concepção humana, como nos revelam suas estátuas. Não existe prova mais clara de seu ponto de vista humanístico. Na realidade, pode-se afirmar que se os gregos acreditavam em alguma coisa, era neles mesmos. Até os templos que construíram em honra aos deuses foram visivelmente projetados para celebrar o homem e seus poderes.

Como sua arte nos mostra e seus mitos nos revelam, os gregos antigos dotaram seus deuses dos atributos físicos e emocionais dos seres humanos. Deuses e deusas se pareciam com homens e mulheres e, como eles, eram capazes de amar e odiar.

No entanto, se os deuses gregos fossem apenas meras réplicas da humanidade, não iriam se distinguir daqueles que os veneravam. Junto de suas semelhanças externas e internas com os seres humanos, os deuses gregos eram marcados por diferenças que os destacavam de maneira flagrante da raça humana. Primeiro, eram mais fortes; segundo, viviam para sempre.

Não é difícil compreender como os gregos antigos conceberam seus deuses dessa maneira. Pensemos no mar, por exemplo, o elemento natural que abrange o território grego, tanto a parte continental como suas ilhas. Por mais experiente e corajoso que um antigo marinheiro pudesse ser, tinha de reconhecer o imenso poder do mar e acreditar que este sempre existira e continuaria a existir, tal como a terra. Assim, o mar era todo-poderoso e eterno, as duas características que definem uma divindade.

Pensar no mar simplesmente como uma poderosa abstração, porém, não permitiria que um pescador grego surpreendido por uma tormenta pudesse implorar por sua salvação e confiar que suas preces seriam atendidas. Consequentemente, os gregos atribuíram ao mar traços humanos – diziam, por exemplo, que ele tinha ouvidos para escutar suas preces e vontade para atendê-las. Os gregos então humanizaram o que de outra forma seria uma impiedosa força da natureza e, com isso, tornaram mais fácil seu entendimento do cosmos. Assim como as pessoas têm nomes, os gregos também deram um nome ao mar: Poseidon, que os romanos mais tarde chamariam de Netuno.

Os deuses venerados pelos habitantes da Grécia não representavam apenas elementos da natureza. Os gregos estavam tão intimamente acostumados com a guerra quanto com o mar. Eram um povo combatente, e sua história está repleta de guerras arrasadoras, das quais a mais famosa foi a de Troia.

Do mesmo modo que o mar, a guerra é uma eterna força com vontade sobre-humana, um poder imortal que tem vida própria. Reconhecendo isso, os gregos encaravam a guerra como algo divino. No entanto, para responder aos gritos dos guerreiros e aos lamentos das vítimas, a guerra precisava ser capaz de escutar e sentir, por isso foi munida de sentidos humanos pela imaginação grega. E também recebeu um nome: Ares, que mais tarde seria chamado de Marte pelos romanos.

Além dos elementos naturais, como o mar, e dos agentes sociais, como a guerra, outras forças – internas e, portanto, menos visíveis – receberam status divino. Uma dessas era o poder da sexualidade. Os gregos concluíram que essa força sempre havia sido um fator de perpetuação da vida, às vezes desafiando até a vontade e a razão pessoais. O elemento erótico era, assim, eterno e onipotente. Mas rogar pela satisfação sexual exigia a presença de uma força que pudesse de alguma forma ouvir e atender apelos. E assim os gregos conceberam Afrodite, a deusa do amor, que viria a ser chamada de Vênus pelos romanos.

DIFERENÇAS ENTRE DEUSES E HUMANOS

Como muitos outros povos do mundo antigo, os gregos não pensavam no divino como uma entidade única, mas como um grupo de poderes separados, cada qual com seu próprio domínio e sua personalidade. Ao mesmo tempo, isso tornava as divindades gregas diferentes do Deus do Antigo Testamento.

Mas as deusas e os deuses gregos eram diferentes do conceito bíblico de Deus de uma outra maneira muito importante. Essas divindades não eram, sob nenhum aspecto, moralmente superiores à raça humana. Não exigiam, como o Deus da Bíblia, que os seres humanos vivessem de acordo com um alto padrão de conduta moral e muito menos ofereciam orientação aos homens – não havia nada como um conjunto de Dez Mandamentos ou um Sermão da Montanha. Se confrontássemos a Bíblia com um livro de mitologia grega, descobriríamos com grande espanto que absolutamente todos os mandamentos bíblicos foram desrespeitados, não pelos próprios gregos, mas por seus deuses. Havia, por exemplo, deuses que cobiçavam, roubavam, mentiam, desonravam os pais, cometiam adultério e assassinavam. Em suma, os deuses gregos reproduziam o comportamento humano tanto nos aspectos positivos como nos negativos.

Uma leitura superficial de tal observação pode nos levar a acreditar que os gregos antigos eram um povo imoral, visto que seus próprios deuses eram "pecadores". Porém nada poderia estar mais distante da verdade. Para ser bem exato, eles eram um povo bastante empenhado em compreender sua condição moral no Universo e em desenvolver uma sociedade justa e legítima na Terra. Seus filósofos – os primeiros do mundo – dedicaram a vida a essa missão ética. Nessa tarefa, os gregos foram guiados por aquilo que viam como um atributo humano único: o poder da razão. E foi esse empreendimento, a busca da verdade humanamente concebida e conduzida, que os tornou um povo tão distinto.

A CONSTRUÇÃO DE UM TEMPLO PESSOAL

Cada um de nós pode ser o arquiteto da própria existência. Com a ajuda dos oito pilares da sabedoria grega, seremos capazes de projetar um templo e uma vida dos quais iremos nos orgulhar. Eles são:

O individualismo confirma o potencial único e singular de nossa personalidade.
O amor à liberdade nos inspira a concretizar esse potencial.
A curiosidade incansável nos leva a explorar todas as suas dimensões.
O racionalismo fornece os meios para resolvermos problemas e compreendermos a nós mesmos.
O autoconhecimento nos permite saber quais são os nossos pontos fortes e os fracos.
A prática da moderação nos ajuda a encontrar equilíbrio para o nosso comportamento.
A busca da excelência nos instiga a realizar.
O humanismo celebra nossos esforços.

Desenvolvidos juntos, esses princípios podem sustentar a superestrutura de nossas vidas e nos colocar no rumo da realização pessoal. Assim como as colunas de um templo grego, eles também precisam estar apoiados em fundações sólidas para cumprir bem o seu papel. Isso significa que precisamos possuir também o conhecimento básico e as habilidades fundamentais para pôr nossa filosofia em prática tanto em casa quanto no ambiente de trabalho.

UMA PALAVRA ANTES DA CONSTRUÇÃO

Antes de começarmos a erguer nosso templo pessoal, vamos examinar como os gregos antigos construíam os deles. Trabalhavam devagar e constantemente, como deve ser. Naquela época, máquina nenhuma era usada e cada uma das partes de um templo de mármore era feita à mão. As colunas eram esculpidas com a mesma paciência e habilidade empregadas nas esculturas.

Pode-se concluir que, nesse caso, a lição que eles nos deixaram é que não adianta se precipitar. Ser apressado não leva a lugar algum. A qualidade do produto final é o mais importante, não a velocidade na qual foi feito. O Partenon, por exemplo, levou 10 anos para ficar pronto, e suas esculturas levaram outros seis. No entanto o templo resiste há quase 25 séculos. Além do mais, cada coluna foi feita de cilindros separados, empilhados uns sobre os outros. Portanto, erguer uma coluna de mármore, assim como construir um princípio fundamental que sirva de orientação para uma sociedade, é um processo de acréscimo: começamos na base e chegamos ao topo em etapas, nos certificando de que cada componente sucessivo está cuidadosa e deliberadamente ajustado ao que se encontra debaixo dele.

Naturalmente, é necessário um plano diretor, um projeto básico ao qual as partes devem obedecer. Mas a vida não é perfeita e a execução de qualquer projeto está sujeita a atrasos. Portanto, é essencial que haja compromisso, se for algo demorado. No entanto, assim como a pedra se ergue da pedra, os ânimos abatidos também se reerguerão à medida que o ideal tomar forma.

Nenhum templo jamais foi construído por um só indivíduo. Todos foram erguidos por equipes. Isso também vale para a construção de nosso templo pessoal: precisaremos do amor, da força, do apoio e da compreensão de pelo menos uma pessoa. Com sorte, teremos com quem dividir nossos esforços. E se a vida não nos permitir terminar o trabalho, sempre é possível que ele seja abraçado por outros que tenham compreendido o nosso sonho.

DESCONSTRUÇÃO E TRIUNFO

Alguns templos gregos permanecem incompletos por razões que não podemos entender. Outros foram castigados pelo tempo, pelas forças hostis da natureza ou pela ação deliberada dos homens. No princípio da Idade Média, por exemplo, o Partenon foi transformado em uma igreja e, mais tarde, em uma mesquita. Em 1687, quando servia de depósito provisório de munição para os turcos, o canhão de uma fragata veneziana lhe acertou um tiro que detonou a pólvora guardada em seu interior e danificou a arquitetura e as esculturas. Nas décadas que se seguiram, os invasores turcos saquearam as estátuas, usando-as para praticar tiro ao alvo ou vendendo-as para viajantes que passavam por ali. Um deles, lorde Elgin, comprou esculturas a metro e despachou-as para Londres, onde – para desgosto dos gregos modernos – passaram a integrar a coleção do British Museum. Hoje, a chuva ácida é a principal causa da destruição do antigo templo.

Em todos esses episódios, o templo resistiu como um símbolo invencível de um antigo espírito. Seu triunfo sobre tantos reveses pode servir para nos inspirar enquanto tentamos erguer nossa própria construção.

CAPÍTULO 1

O primeiro pilar: O humanismo

OS DESAFIOS DA CONDIÇÃO HUMANA

Ao contrário dos códigos do antigo Oriente Médio, que enfatizavam a importância da humildade e da obediência e ressaltavam a pequenez do homem perante a autoridade divina, os gregos afirmavam que a humanidade não deveria se prostrar, e sim ter uma postura altiva e ereta.

Na realidade, para eles o homem era potencialmente superior aos deuses, embora estes fossem onipotentes e imortais. Por causa de sua fraqueza, no entanto, o homem tinha mais valor. Como somente os homens podiam arriscar e perder, só eles eram capazes de apreciar o significado de realizar alguma coisa. Como somente os homens morriam, só eles eram capazes de viver plenamente. Os deuses eram estáticos e imutáveis, ao passo que a humanidade possuía a capacidade de crescer, e a experiência desse crescimento lhe permitia avaliar melhor a existência.

Os deuses viviam em seu palácio no alto do monte Olimpo, constantemente zombando do homem por causa das preciosas qualidades que ele não possuía: a imortalidade e o poder absoluto. Se a morada dos deuses fosse invisível, se vivessem em um reino celestial além da capacidade da visão humana, a situação seria diferente. Mas não era o caso. Por estarem ao alcance do homem, apesar de fora de seu domínio, por serem tão parecidos com ele de tantas maneiras, a existência dos deuses era uma tentação para a humanidade, que desejava ser como eles.

A escolha de Aquiles

Na mitologia, ninguém sofreu mais cruelmente essa tortura do que Aquiles. Seu pai, Peleu, era um mortal, mas sua mãe, Tétis, era uma deusa. Aquiles, portanto, viera de dois mundos diferentes e não pertencia inteiramente a nenhum dos dois. Era mais forte do que os outros homens, embora fosse mortal. Por isso, cobiçava o que lhe era negado – a vida eterna –, mesmo que para obtê-la tivesse de morrer.

Dizem que, quando jovem, Aquiles recebeu das Parcas, que controlavam todos os destinos, um raro privilégio: escolher a duração e o resultado da própria vida. Ele poderia viver no palácio de seu pai até ficar velho e depois morrer pacificamente durante o sono, mas nunca seria lembrado. Ou poderia ser lembrado para sempre, desde que morresse cedo. A vida longa teria pouco que valesse a pena lembrar. A curta, porém, ficaria marcada na memória de todos que viessem depois dele.

Aquiles escolheu viver pouco e ter fama eterna. Somente assim conseguiria a imortalidade que lhe fora negada ao nascer.

Desde que ele nasceu, sua mãe temia os males que pudessem lhe acontecer, por isso, quando Aquiles ainda era bebê, ela o levou ao Estige, o rio sagrado, para banhá-lo em suas águas divinas. O batismo lá tornaria sua pele invulnerável a qualquer ferimento. Entretanto, quando Tétis mergulhou o bebê nas águas do rio, segurou-o pelo calcanhar. Essa parte do corpo dele nunca foi banhada no rio e por isso não ficou protegida pelo poder mágico de suas águas.

Já adulto, Aquiles lutou na Guerra de Troia, contra o desejo de sua mãe, que ainda temia por sua segurança. Os temores dela se justificaram quando, perto do fim do combate, uma flecha atingiu seu calcanhar, a única parte vulnerável do corpo dele.

Embora o ferimento em si fosse pequeno, foi por causa dele que o jovem morreu, como fora determinado pelas Parcas.

Apesar de todos nós sermos muito mais fracos que o poderoso Aquiles, possuímos um traço em comum com ele. Todos temos uma fraqueza que não vemos, mas que pode ser a causa de nossa desgraça. Se não tivéssemos tais pontos fracos, porém, deixaríamos de ser humanos, o que implica ser vulnerável. Só os deuses são imunes aos ferimentos, mas por outro lado não são capazes de amar ou sentir com a mesma intensidade que nós.

A tentação de Ulisses

Aquiles se dispôs a pagar o preço da morte para viver na lembrança dos outros. Ulisses, outro guerreiro que lutou ao seu lado na Guerra de Troia, aceitou pagar um preço semelhante, mas por uma razão diferente.

Voltando para casa depois do fim do combate, Ulisses naufragou na ilha da deusa Calipso. Lá, os dois se apaixonaram. Tropical e luxuriante, a ilha era um lugar remoto, um verdadeiro paraíso onde ninguém mais vivia.

Calipso sabia que Ulisses, por ser mortal, algum dia iria morrer e que ela ficaria sozinha novamente. Por isso, a bela deusa lhe deu a chance de conquistar a vida eterna, oferecendo-lhe néctar e ambrosia, os alimentos dos deuses. Se aceitasse a oferenda, Ulisses estaria livre da morte e viveria para sempre, desfrutando os prazeres dos sentidos ao lado dela.

Semanas depois de sua proposta, no entanto, ela o encontrou chorando na praia, o olhar perdido no horizonte, tentando avistar o lar de onde partira fazia 20 anos.

Não era exatamente por sua casa que chorava, nem por saudade da mulher, nem pelo filho que deixara ainda criança e que se tornara adulto durante os longos anos que Ulisses passara na guerra e no mar. Chorava por saber que precisavam dele para corrigir os erros que tinham afetado seu lar e seu reino nos anos em que estivera fora. Somente se voltasse poderia se tornar outra vez marido, pai e rei, agindo como só ele poderia agir, ocupando o vazio que deixara ao partir.

Ulisses recusou a oferta de Calipso de se tornar um deus e escapar da morte, pois escolher viver ali significaria desistir da vida. Naquela ilha paradisíaca, onde tudo seria previsível e seguro, disponível e gratuito, uma coisa estaria faltando: um futuro no qual ele pudesse se atirar de corpo e alma.

Os gregos acreditavam que, durante a vida, o objetivo dos homens é terminar uma tarefa incompleta, e que é essa missão – mesmo que vagamente percebida – que atribui significado à nossa existência, qualquer que seja o perigo.

Calipso ofereceu a Ulisses tudo o que ele era, mas lhe negou tudo o que ele poderia vir a ser. Naquela ilha exuberante porém deserta, um deus poderia viver, mas não um homem. Não por acaso a deusa se chamava Calipso, nome que significa "aquela que esconde", pois, se seu amado decidisse ficar e viver com ela para sempre, teria ficado escondido – dos outros mas também de si mesmo, daquele que poderia vir a ser.

No fim, não foi em busca de seu lar que ele partiu, carregado pelas ondas numa jangada, mas daquilo que poderia se tornar. Observando-o se afastar pouco a pouco, remando lentamente, até Calipso entendeu a escolha que Ulisses fez.

EM LOUVOR À VIDA

O humanismo é a orgulhosa afirmação da promessa que há em nós e, ao mesmo tempo, do nosso dever. Os gregos comemoravam o orgulho que sentiam de serem humanos utilizando todo o seu talento e força em pinturas e histórias. Com uma espécie de justiça poética, essas manifestações artísticas deram a seu povo a imortalidade que a natureza recusou. A arte e a literatura gregas continuam vivas, castigadas pelo tempo mas não subjugadas e ainda desafiadoras. Em todas essas obras, o denominador comum é a saga de nossa espécie: a luta contra as desvantagens para alcançar a realização pessoal.

Animando o inanimado

A afirmação da vida está claramente evidente na cerâmica dos gregos antigos. Apesar de um recipiente de barro cozido, seja ele bonito ou não, ser capaz de conter a mesma quantidade de líquido que outro simples, eles dedicavam muito tempo e energia decorando os objetos de cerâmica com formas simétricas e harmoniosas. Isso se torna ainda mais notável se considerarmos que, ao contrário das estátuas e dos templos de mármore, a cerâmica é muito frágil. Diante dessa observação, eles diriam que a própria vida também é frágil. Então, perguntariam: Não devemos nos empenhar sinceramente em dar forma à nossa vida? Não devemos vivê-la em harmonia? Para manifestar essa convicção, eles pintaram a superfície de seus utensílios de barro primeiro com imagens das epopeias dos heróis, depois com cenas de seu cotidiano, em que aparecem trabalhando, jogando, amando. Desse modo, deram vida a objetos, transformando o que fora barro inanimado em uma vívida declaração das infinitas possibilidades da existência humana.

Os gregos fizeram o mesmo com as moedas. Assim como a cerâmica, as moedas podiam cumprir sua função prática sem necessariamente ter uma aparência bonita – seria suficiente que fossem simplesmente pedaços de metal cuja pureza e peso fossem assegurados pelo Estado por meio de uma marca oficial. Mas no que fora apenas uma tosca invenção do Oriente Médio os gregos viram um potencial estético e simbólico. Que "marca" seria melhor, pensaram eles, do que o rosto humano, que a borda circular da moeda poderia emoldurar de maneira tão harmoniosa? A princípio, cada uma das cidades gregas escolheu o rosto de seu deus ou deusa favorito. Posteriormente, depois de Alexandre, o

Grande, usaram os perfis de seus reis para decorar suas moedas. De uma forma ou de outra, no entanto, quando os gregos tinham nas mãos as suas moedas, era a própria imagem humana que viam refletida nelas.

O que os gregos fizeram foi recriar o mundo à sua própria imagem, que também está visível nas estátuas e esculturas monumentais espalhadas por suas cidades e no ambiente que criaram para suas mentes. "O homem é a medida de todas as coisas", proclamava o filósofo Protágoras.

Uma ode à humanidade

No século V a.C., Sófocles, um dramaturgo ateniense, louvou as realizações da humanidade. Eis o que escreveu:

Muitas são as maravilhas do mundo, mas nenhuma é mais
maravilhosa que o homem.
Sob o vento tempestuoso do sul, ele atravessa o mar cinzento,
cortando as vagas que se erguem à sua frente.
Na Terra, a mais velha das deusas, imperecível e eterna,
ele escava, ano após ano, sulcos sinuosos
cortados por seus cavalos.
Bandos alados de pássaros,
rebanhos selvagens de animais
e cardumes de peixes de água salgada
ele captura nas tramas de sua ardilosa rede.
Com seus artefatos, ele domina as criaturas silvestres,
refreando o garanhão de crina emaranhada,
submetendo o obstinado touro montanhês.
Desenvolveu a fala e o pensamento ligeiro como o vento,
e o talento para a moradia conjunta, e aprendeu
como fugir do frio congelante e da chuva que castiga.
Engenhoso, não há nada que surja que ele não domine.
Só da Morte não consegue inventar uma fuga.

O TESTE DO HUMANISMO

Nos quase 25 séculos desde o apogeu da civilização grega, a humanidade estendeu seus triunfos muito além do mero domínio do céu e da terra. Por meio da tecnologia, adquirimos poderes que nos tornaram semelhantes a deuses. Ainda estamos sujeitos à morte, mas os avanços da medicina prolongaram nossa expectativa de vida e os progressos feitos pela ciência podem um dia retardar ou até interromper o processo de envelhecimento. E não somente a longevidade foi ampliada. A qualidade de vida também foi melhorada de várias formas. Consequentemente, a pessoa comum hoje desfruta de prazeres e confortos antes unicamente reservados aos deuses. A ilha de Calipso, portanto, não é mais um sonho.

Assim como Ulisses, porém, precisamos tomar uma decisão. Temos de pensar se evitar a dor e buscar o prazer é tudo o que a vida tem para nos oferecer. Cabe a nós decidir se temos uma obrigação somente para conosco ou se existem terras mais distantes às quais devemos chegar e onde precisam de nós. Este mundo talvez não precise de mais deuses, e sim de mais humanos. Por que, então, esconder as pessoas que poderíamos nos tornar?

Ao aceitar esse desafio, enfrentamos obstáculos que os gregos não conheceram. Não se trata de nenhum turbilhão ou monstro de três cabeças, mas de novas forças que conspiram para roubar nossa humanidade pedindo que sejamos menos do que somos. Entre algumas dessas forças estão, por exemplo, tecnologias que cada vez mais substituem o calor do contato humano pela fria eficiência das máquinas, mercados que nos convencem de que nosso valor é medido pelas coisas que possuímos e governos que, por serem muito grandes, nos convencem de que somos pequenos demais para realizar mudanças.

No entanto, todas essas coisas – tecnologia, mercado e governo – são criações humanas. Tudo o que é concebido pelo homem, nos lembram os gregos, pode ser modificado pelo homem, desde que haja empenho pessoal e vontade coletiva suficientes. Nossa tarefa então é nada menos que reaver a nossa humanidade, tanto como indivíduos quanto como sociedade. E se quisermos modificar a sociedade, temos de começar por nós mesmos.

PRATICANDO O HUMANISMO

Para colocar o humanismo em prática no dia a dia, é preciso compreender o que esse termo significa.

Para muitos, "humanista" é sinônimo de "ateu", por poder designar alguém que não acredita em Deus. No entanto, não era esse o significado clássico da palavra. Os gregos antigos realmente acreditavam no homem, mas também no divino. Do contrário, não teriam construído templos nem criado mitos. O que tornava sua crença especial era o fato de olharem para a natureza humana e enxergarem seu potencial divino. Sócrates, por exemplo, pode ter sido julgado e condenado por não venerar os deuses gregos da maneira convencional, mas não havia homem mais conscientemente comprometido com a mensagem gravada no alto da porta do oráculo de Delfos: "Conhece-te a ti mesmo."

Assim como Sócrates, deveríamos levar um pouco mais longe seu passatempo favorito: atribuir definição às coisas. É preciso fazer a distinção entre as duas conotações da palavra "humano", que deu origem ao termo "humanismo". Do ponto de vista biológico, somos de fato humanos, mas ser humano, na conotação humanística, requer esforço. Nela está implícita a noção de que existem sensibilidades latentes em nosso caráter que devem ser cultivadas para que possamos atingir nosso potencial completo. Essa tarefa, afirmaram os gregos, é o imperativo moral de nossa existência.

Ironicamente, a origem da palavra "humano" nem mesmo é grega, e sim latina. Os romanos é que foram humanizados pelo contato com a cultura grega e só então transmitiram os ideais helênicos para o mundo que governavam, traduzindo-os para sua própria língua. Foi assim que nas universidades da Itália medieval uma nova palavra latina, *humanitas*, entrou na moda, numa referência aos estudos – de língua e literatura – que poderiam liberar a mente. Hoje, eles são chamados de ciências humanas ou humanidades, e ainda é por intermédio deles – começando com a língua e a literatura da Grécia e da Roma antigas – que melhor podemos descobrir nosso potencial humano, nas duas acepções do termo.

Consequentemente, o humanismo implica o compromisso com as capacidades e os talentos especiais que possuímos como seres humanos. Colocá-lo em prática é antes de mais nada olhar para dentro de nós mesmos a fim de descobrir competências especiais. O segundo passo é aplicá-los de modo efetivo em nosso dia a dia. O fato de reconhecer nosso potencial por si só já pode nos colocar no rumo certo.

Inicialmente, deveríamos fazer um balanço de nossas vidas e elaborar um inventário pessoal. Quais são as coisas que fizemos no passado que nos deram mais orgulho e satisfação? Quais são as qualidades que os outros respeitam, as características que mais admiram e amam em nós? Muitas vezes, as trivialidades da vida diária e a rapidez dos acontecimentos nos impedem de ser a pessoa que poderíamos ser.

Ao fazer essa autoavaliação, podemos descobrir que nossa realização individual depende, ao menos em parte, do envolvimento que temos com o mundo exterior. Tornar-nos plenamente humanos, portanto, significa nos abrirmos para as necessidades de outras pessoas. Para se tornar humanitário, não é preciso realmente possuir grandes riquezas, apenas um grande coração.

Mas o caminho que escolhermos seguir não deve ser fácil, pois exigirá de nós mais do que estamos acostumados a dar, já que só assim é possível crescer.

Os gregos antigos eram os primeiros a admitir que existem forças que dificultam nossa realização pessoal, que tentam nos impedir de ser o tipo de pessoa em que podemos nos transformar. O que apenas significa que precisamos nos esforçar mais. Foi isso o que quis dizer o poeta alemão Goethe, grande admirador dos clássicos, no fim de sua obra-prima *Fausto*: "A liberdade e a vida são ganhas somente por aqueles que as conquistam a cada dia." Enquanto não reconhecermos nosso valor intrínseco de seres humanos, não faremos tal esforço.

Os gregos antigos não se deixavam enganar pela ilusão de que haveria uma recompensa celestial depois de todo esse esforço. Se quisermos agir de acordo com as crenças deles, também não devemos nos iludir. Aceitar que esta seja a única vida que temos pode tanto provocar uma sensação de desânimo e melancolia com relação aos limites da vida quanto nos desafiar a transcender tais limites por ter a consciência de que será a nossa única oportunidade de acertar.

Uma filosofia de possibilidades ilimitadas, abrandadas pelo fato de que temos de morrer um dia, o humanismo é marcado pela tensão entre estas duas forças: um apaixonado deleite pela vida e uma clara apreensão diante de sua inalterável estrutura.

Em vez de nos aconselhar a assumir a derrota, o humanismo nos incentiva a lutar pela vitória.

Entretanto, isso não significa que simplesmente nos aceitemos como somos. Ele não imprime automaticamente o rótulo da autoestima em nossas vidas. O que o humanismo faz é nos forçar a desenvolver as potencialidades que estão ocultas dentro de nós. Não é, portanto, uma dádiva, mas uma responsabilidade.

CAPÍTULO 2

O segundo pilar: A busca da excelência

O SEGUNDO PILAR DA SABEDORIA GREGA é a busca da excelência. Na gramática do universo grego, humanidade não era um substantivo, mas um verbo: movimentando-se, mudando, evoluindo para uma realização mais plena de seu potencial interior. É algo que nenhum deus jamais poderia experimentar ou conhecer sentado presunçosamente no alto do Olimpo.

O humanismo, o primeiro pilar, não consistia unicamente em congratulação pessoal, em aplaudir a humanidade pelo que era, mas implicava um processo dinâmico e progressivo de crescimento espiritual: a busca da excelência.

O CÓDIGO HEROICO

No último ano da Guerra de Troia, um guerreiro chamado Glauco se deteve diante do sangrento campo de batalha para explicar o que o motivava a lutar. Ele declarou:

Hipóloco me gerou e dele afirmo ter nascido.
Me mandou a Troia e me disse sem evasivas:
"Sempre te sobressaias e superes os demais,
e não envergonhes teus ancestrais."

Nesses versos, o poeta épico Homero captou o espírito que movia a civilização grega: a busca da excelência, a compulsão para ser o melhor. Para o guerreiro que disse tais palavras, essa busca era um componente necessário ao código de um herói, a lei não escrita segundo a qual todos os guerreiros viviam e morriam como seus pais e avós antes deles – para serem os mais corajosos, os melhores a qualquer custo.

Para os gregos antigos, a busca da excelência evoluiu e se estendeu para além do campo de batalha, abrangendo outros aspectos menos belicosos da atividade humana. Se tivessem se conformado com a mediocridade nessas outras áreas, esse povo não seria lembrado hoje.

DO OLIMPO PARA OLÍMPIA

O monte Olimpo, a montanha mais alta da Grécia e a morada dos deuses, está localizado no norte do país. No sul, porém, existe outro lugar de nome semelhante: Olímpia, a terra dos Jogos Olímpicos.

Segundo a tradição grega, os Jogos Olímpicos começaram em 776 a.C., cerca de cinco séculos depois da queda de Troia. Reza a lenda que os Jogos foram criados por ninguém menos que Hércules, o fortão mais famoso da mitologia grega. Apesar de sua mãe, Alcmena, ser mortal, seu pai era Zeus, o rei dos deuses. Assim como Aquiles, a ascendência de Hércules era heterogênea – em parte humana, em parte divina –, o que ajuda a explicar suas proezas sobre-humanas e também por que ele conquistou a simpatia dos gregos antigos. Seu lado humano era o elo que mantinha com a humanidade e inspirou nos gregos a crença de que eles também podiam realizar façanhas que transcendiam os limites normais da natureza humana.

E era nisso que de fato consistiam os Jogos Olímpicos: mostrar aos deuses o que os homens eram capazes de fazer quando se entregavam de corpo e alma a uma tarefa. O objetivo das competições era homenagear Zeus, não por meio do sacrifício humano, mas pelos feitos dos homens. O que lhes dava energia era o princípio de que o homem pode servir melhor aos deuses desenvolvendo seus talentos inatos, ampliando a definição do que significa ser humano. A oferenda que os gregos faziam a seus deuses com mais orgulho eram eles próprios em toda a sua glória mortal. Mais do que apenas esportes, os Jogos Olímpicos eram um ritual de suprema importância religiosa. No entanto, como já vimos, a verdadeira religião da Grécia antiga era o humanismo: a adoração de deuses humanizados por homens que se esforçavam para serem iguais aos deuses.

Mantida por mais de um milênio até ser abolida no século IV d.C. por um imperador cristão de Roma, a antiga Olimpíada era um testemunho vivo da busca da excelência. Embora o território grego muitas vezes tenha sido dilacerado por guerras, de quatro em quatro anos declarava-se uma trégua sagrada a fim de que todas as cidades-estado pudessem mandar representantes para as competições. O prêmio pela vitória na Olimpíada consistia numa simples coroa de folhas de oliveira que, apesar de não ter nenhum valor monetário, proporcionava o mais alto prestígio ao vencedor e à sua cidade, uma imortalidade conferida pela realização individual e preservada para sempre na memória comum.

A prova original da primeira Olimpíada era uma simples corrida de cerca de 200 metros no estádio de Olímpia, uma pista retangular e plana de terra, margeada por elevações cobertas de grama nas quais os espectadores se sentavam.

Como o cronômetro ainda não havia sido inventado, o tempo das corridas não era marcado. A única coisa que interessava era quem cruzava a linha de chegada em primeiro lugar. Não existiam medalhas “de prata” nem “de bronze” – os segundos colocados não mereciam glória nenhuma.

Mais tarde, foram acrescentadas outras modalidades de competição à corrida básica, tais como percursos mais longos, uma corrida de revezamento com tochas e uma em que os participantes usavam armaduras. No decorrer dos séculos, outras provas foram introduzidas: o salto em distância, o boxe, a luta corpo a corpo, o lançamento de dardos e a corrida de bigas, além de duas combinações de provas chamadas pentatlo e pancrácio. Mas a corrida continuou sendo a prova principal.

Além de serem uma ocasião religiosa, os Jogos Olímpicos serviam às necessidades práticas do preparo militar, pois em quase todas as provas era necessário aplicar as habilidades indispensáveis à guerra. O treinamento também oferecia um incentivo para aprimorar habilidades que algum dia poderiam ser usadas no campo de batalha.

Os mais famosos exemplos de corridas gregas, na verdade, ocorreram em épocas de guerra. Em 490 a.C., quando o poderoso Império Persa se preparava para invadir a Grécia, um ateniense chamado Fidípedes correu de Atenas a Esparta para pedir ajuda aos espartanos. Ele percorreu os 240 quilômetros que separavam as duas cidades em apenas dois dias. E depois teve de correr de volta para Atenas com a resposta dos espartanos, que disseram que iriam de bom grado, mas, por princípios religiosos, não poderiam partir antes da lua cheia.

Com a ajuda de seus vizinhos, os plateanos, os atenienses então marcharam para o ponto da costa onde imaginavam que os persas desembarcariam, um lugar chamado Maratona. Ao investir contra eles com lanças na mão, pegaram os persas de surpresa e os fizeram fugir para o mar. Então um corredor, talvez o próprio Fidípedes, correu sem parar de Maratona a Atenas levando a notícia da vitória sensacional e estratégica. Reza a lenda que, depois de chegar a Atenas e contar o que ocorrera, ele teve um colapso e caiu morto. Do percurso aproximado de 40 quilômetros dessa corrida histórica surgiu a maratona dos tempos modernos.

Entre todas as provas olímpicas, no entanto, havia uma que não contribuía em nada para a arte militar: o arremesso de disco. Apesar de não ter nenhuma aplicação prática, porém, ele se equiparava às outras modalidades competitivas em seu significado simbólico como prova da busca da excelência. Na verdade, essa característica acentuava ainda mais seu valor simbólico.

E esse valor ganhou forma quando Míron, escultor do século V a.C., criou uma estátua representando um discóbolo perfeitamente equilibrado no instante exato que precede o lançamento do disco. Na estátua, a pose do atleta, com os braços e as costas arqueadas, encarna ao mesmo tempo a curvatura do disco e a trajetória de seu voo, prestes a ocorrer. Ao criar sua obra-prima, Míron quis retratar não um discóbolo em especial, mas o arremessador ideal, uma personificação consumada da excelência física e da sua busca. Tal excelência, porém, não era automática. Para atingi-la, era indispensável ter autodisciplina e determinação. Portanto, só com treinamento e concentração o atleta poderia alcançar sua meta. Por esses meios, seu potencial seria liberado e se tornaria real para que todos vissem. Embora fosse irrelevante do ponto de vista militar, o arremesso de disco fazia parte dos Jogos Olímpicos porque demonstrava, de uma forma mais pura do que em qualquer outra atividade competitiva, o fascínio da alma grega pela perfeição.

O lugar mais sagrado do santuário de Olímpia era o templo de Zeus. Em seu interior se encontrava uma das Sete Maravilhas do Mundo Antigo: a estátua de ouro e marfim do rei dos deuses sentado em seu trono. Entalhes em mármore ilustrando exemplos de proezas físicas do passado mítico da Grécia adornavam a parte externa do templo.

A decoração contava com 12 painéis esculpidos que celebravam os trabalhos de Hércules, filho de Zeus e fundador dos Jogos Olímpicos. Conta a lenda que, para expiar seus pecados, o herói foi entregue como escravo a um rei e obrigado a cumprir uma série de missões amedrontadoras. Uma delas o levou aos confins da Terra, onde o poderoso titã Atlas sustentava nos ombros o peso dos céus. Hércules precisava conseguir os pomos de ouro do Jardim das Hespérides, que só podiam ser colhidos das árvores por Atlas. Para liberar o gigante a fim de que ele pudesse realizar a tarefa, porém, Hércules precisou substituí-lo e segurar o céu. Em seu último trabalho, foi ao reino dos mortos buscar o feroz cão de guarda que tomava conta de seus portões. De acordo com um relato, Hércules cumpriu a missão oferecendo à fera comida misturada com sonífero. Embora seus trabalhos envolvessem extraordinária dificuldade, seu esforço para realizar tarefas aparentemente impossíveis e sua determinação em não desistir diante da sucessão de desafios que se apresentavam o tornaram – junto com suas imperfeições de caráter absolutamente humanas – um modelo para os mortais que procuravam ser os melhores e fazer o melhor.

Olímpia, entretanto, não era o único lugar na Grécia onde se promoviam competições para homenagear os deuses. Em Delfos, a noroeste de Atenas, o deus Apolo também era celebrado dessa maneira. As ruínas rochosas de seu templo ainda se erguem abaixo do imponente monte Parnasso, bem como o que restou de um estádio. Enterrada por uma avalanche de pedras da encosta da montanha, Delfos foi escavada por arqueólogos no século XIX. Entre suas descobertas havia trabalhos de escultura que incluíam a estátua de bronze de um competidor que saíra vitorioso na corrida de bigas tendo ainda nas mãos as rédeas de sua parelha vencedora.

Tais vencedores eram homenageados não só com obras de arte que comemoravam suas vitórias mas também com poemas que cantavam louvores a eles. O poeta grego Píndaro nos deixou uma ode exaltando um competidor que vencera uma corrida de bigas em Delfos:

Humilde quando a humildade é necessária, orgulhoso quando o orgulho o permite,
servirei ao destino que preocupa minha mente,
honrando-o com todas as minhas forças.

Esses versos, melhor do que quaisquer outros, expressam a justificativa da busca da excelência: a crença de que dentro da alma humana existe uma centelha divina e que é dever de todos soprar essa centelha para que ela se transforme em chama.

VINHO E INSPIRAÇÃO

As modalidades de atletismo não eram o único tipo de prova que os gregos realizavam para homenagear seus deuses. Havia também as competições intelectuais.

Para demonstrar gratidão a Dioniso, o deus que brindou a humanidade com a dádiva do vinho, a cada primavera os atenienses realizavam um festival em sua honra. O acontecimento central do festival era uma série de apresentações teatrais.

A arte dramática foi uma invenção inspirada pelo imaginário fértil dos gregos. Nos primórdios da civilização grega, o palco – o primeiro do mundo – era um piso circular de terra, usado para debulhar o trigo. De início, as apresentações se limitavam ao canto coral, até que um contador de histórias chamado Téspis entregou um papel com uma fala a um dos integrantes do coro, criando assim o primeiro ator de arte dramática. Com o tempo, mais um ator foi acrescentado – pelo dramaturgo Ésquilo – e, por fim, um terceiro – por Sófocles.

Apesar de serem escritas especialmente para o festival, as peças teatrais não se referiam somente a Dioniso, mas abrangiam toda a gama de experiência humana, examinando esforços e fraquezas pessoais, conflitos emocionais entre indivíduos e as sempre difíceis relações entre deuses e mortais. Algumas vezes, essa experiência era mostrada a partir de uma perspectiva cômica, mas a visão trágica era mais frequente.

Para oferecer o melhor a Dioniso, o festival era planejado para ser competitivo, com prêmios concedidos aos melhores dramaturgos, atores e produtores – um reconhecimento público da busca da excelência. Era um incentivo eficaz e os atenienses eram tão talentosos que suas representações teatrais inspiraram filmes e programas de televisão que nos divertem até hoje, sendo consideradas depoimentos relevantes e perspicazes sobre a condição humana. É um testemunho do nível intelectual dos antigos atenienses o fato de essas peças terem sido comumente assistidas não só pelo círculo social da elite dos frequentadores, como também pela população geral da cidade, que lotava o teatro de Dioniso durante o festival.

Ele se tornou o deus protetor do teatro, em parte por causa dos festivais de vinho do país que inspiraram os primeiros corais, mas também porque o vinho que era oferecido disinibia as pessoas, permitindo que esquecessem suas tristezas e tivessem pensamentos mais amplos.

No entanto, a busca da excelência não é garantia de obter bons resultados. Nas competições do festival de Dioniso e dos Jogos Olímpicos havia sempre mais perdedores do que ganhadores. O esforço competitivo implicava o risco da perda, mas o gosto pelo risco era inerente à natureza dos gregos antigos. Não é por acaso que os protagonistas de suas tragédias eram heróis, pois o heroísmo costuma andar de mãos dadas com a tragédia. E isso se deve ao fato de o herói viver no limite. Em tal extremo, o sucesso se torna tão inebriante que pode fazer o indivíduo perder a perspectiva de suas próprias limitações humanas e, no fim, pagar um preço mais alto do que jamais poderia imaginar. No entanto, ousar menos seria o equivalente a saber menos e ser menos, algo que a cultura grega não aceitava.

Um dos mais belos objetos preservados desde a Antiguidade é uma taça de vinho grega do século VI a.C. Em sua superfície interna, vemos Dioniso triunfante, tendo frustrado os piratas que tentaram raptá-lo ao acreditarem equivocadamente que ele era mortal. O deus está reclinado no navio abandonado, que é enorme e flutua tranquilo em um mar invisível. Na superfície externa da taça, há figuras pintadas de guerreiros num campo de batalha lutando para resgatar o corpo de um camarada caído das mãos dos inimigos, que tentam roubar sua armadura.

No interior, a taça exalta a imagem de um deus que é todo-poderoso e imortal. No exterior, é como um hino ao homem cujas vida e forças são finitas e frágeis, mas cujos dias são preciosos exatamente por serem tão poucos. Ser humano é sofrer, mas por isso mesmo poder conhecer um prazer de viver que nenhum deus pode alcançar.

Conta-se que, ainda bebê, Dioniso foi devorado por monstros enormes chamados Titãs. Depois, quando estes tentaram usurpar a Zeus o seu trono, o rei dos deuses lutou com eles e os fulminou com seus raios, reduzindo-os a cinzas. Segundo a lenda, foi com essas cinzas que Zeus fez o homem.

Portanto, diz-se que dentro do ser humano existe uma partícula da divina substância de Dioniso que os Titãs tinham ingerido. Como o núcleo de um grão de trigo, essa partícula divina está envolvida por uma grossa casca titânica. Nossa tarefa, então, é liberar a energia divina que está aprisionada dentro de nós, nesse invólucro de titânica escuridão.

A busca da excelência pode vir a ser esse processo de liberação, quando nos esforçamos para sair da terra que nos prende para subir rumo às alturas do Olimpo.

O SIGNIFICADO DA EXCELÊNCIA

É certo que não podemos ser todos vencedores, mas os gregos também não podiam. Talvez não possamos arremessar o disco mais longe que todos os outros ou escrever uma peça de teatro digna de ser premiada. Mas não é isso que a vida pede de nós, e sim que tratemos de descobrir as coisas que somos capazes de fazer bem, e então, com todo o nosso empenho, nos entreguemos de corpo e alma à tarefa de realizá-las. Os gregos antigos jamais confundiam vitória com heroísmo. Como Heitor na *Ilíada*, é possível ser herói mesmo quando se perde a guerra.

Ser herói e buscar a excelência é o mesmo que ser uma mãe amorosa, um marido compassivo, fazer bem o nosso trabalho – qualquer que seja ele –, com honra, integridade e entusiasmo. Agir assim equivale à realização plena do que nossa natureza tem de melhor. Fazer menos que isso é perder a oportunidade de experimentar o significado pleno de estar vivo.

O PREÇO DA EXCELÊNCIA

A busca da excelência, no entanto, quase inevitavelmente implica encontrar frustração, o que, para os gregos antigos, era a punição mais cruel.

Sua noção de inferno era bem diferente da nossa. No mundo deles, poucas pessoas foram torturadas. Na verdade, somente três: Tício, Sísifo e Tântalo, culpados de graves crimes contra os deuses. Tício foi atado ao chão com os membros esticados, enquanto um abutre devorava-lhe permanentemente o fígado, que sempre se regenerava. Sísifo foi obrigado a empurrar uma grande pedra morro acima e, ao chegar ao topo, vê-la sempre escapulir de suas mãos e rolar de volta para baixo, de onde tinha de ser novamente empurrada para cima. Tântalo foi condenado a permanecer eternamente faminto e sedento num lago de águas claras e frescas, ao lado do qual pendia o galho de uma árvore carregada de frutos saborosos. Cada vez que ele se curvava para beber, o nível da água descia. Sempre que estendia a mão para apanhar uma fruta, o vento empurrava o galho para longe.

As três punições, cada qual única a seu modo, tinham um tema em comum: a frustração. Tício, por mais que tentasse, jamais conseguiria espantar o abutre. Sísifo nunca conseguiria empurrar a pedra até o outro lado do morro. E Tântalo não podia comer nem beber, tendo aquilo que o saciaria diante de si porém fora de seu alcance.

Por serem um povo realizado, os gregos antigos consideravam a frustração, em vez do sofrimento físico, a extrema punição. Só o fato de estar na terra dos mortos já constituía punição, porque nunca se podia realizar nada ali. No ambiente escuro e úmido onde moravam, os mortos eram como fantasmas desencarnados, sem substância e propósito.

O Hades tampouco se destinava apenas aos pecadores: todos eram transferidos para lá. Consequentemente, sem ter um paraíso pelo qual esperar, os gregos antigos levavam a vida apaixonadamente, sabendo que aquela seria a única existência que desfrutariam. Se o preço da excelência fosse a frustração no presente, valeria a pena pagá-lo. Sem o sabor do sucesso, o restante de fato seria vazio.

Não admira que a vida dos heróis gregos tantas vezes acabasse em tragédia: viviam em zonas de fronteira, testando os perigosos limites das possibilidades humanas. Por isso eram tão admirados por seus compatriotas.

A busca da excelência não levava apenas à frustração, mas também a uma competitividade frequentemente autodestrutiva que atormentou a civilização grega ao longo de toda a sua história, incitando-a ao partidarismo, ao ciúme e à guerra. No entanto, sem ela e sem seus frutos, a sociedade e a cultura gregas não mereceriam ser lembradas.

Chafurdar na lama morna da mediocridade ou galgar as alturas geladas e rochosas das montanhas são as opções de Aquiles mas também as nossas, tanto individual quanto coletivamente. Quando um herói grego caía dessas alturas e morria, era homenageado por seus companheiros de batalha com ritos funerários que incluíam competições com prêmios concedidos aos vencedores. Os gregos acreditavam que a melhor maneira de homenagear um herói morto era imitar a vida que ele havia levado.

Essas alturas podiam ser perigosas não só durante o percurso de subida, mas até depois da chegada ao cume. As realizações despertam orgulho, mas este "vem... antes da queda", como a Bíblia observa sabiamente.

Níobe e Aracne

Níobe se gabava de ter seis filhas e seis filhos, comparando-se à deusa Leto, que tinha apenas uma filha e um filho. A prole divina de Leto, Apolo e Ártemis, resolveu então se vingar e matou a flechadas todos os filhos de Níobe diante dos próprios olhos da mãe. Ela aprendeu a lição. Mas, como tantas outras figuras trágicas da mitologia grega, aprendeu-a tarde demais.

Se o nosso carro bate e cai de um penhasco, talvez isso sirva de exemplo para refletirmos sobre a necessidade de dirigir mais devagar nas curvas fechadas, porém não nos traz grandes benefícios. Seria uma forma bastante rigorosa de educação no trânsito que poderia no máximo beneficiar os outros por meio de nosso trágico exemplo. E foi o que aconteceu com Níobe.

Aracne foi outra motorista inconsequente. Vangloriava-se de saber tecer melhor do que Atena e até desafiou a deusa para uma competição. O trabalho de Aracne provou ser impecável, como até a deusa teve de admitir, a contragosto. Mas Atena não tolerou o insulto e transformou Aracne numa aranha, que continuaria a tecer para sempre, uma imagem miniaturizada e repulsiva da pessoa que fora antes.

Os mitos de Níobe e de Aracne ensinam os perigos da arrogância e da vaidade. Se deixamos nossos talentos nos subirem à cabeça, se perdemos a modéstia, o Universo nos dá uma lição. Metaforicamente, o provérbio grego "tudo o que é ruim tem um lado positivo" se torna "tudo o que é positivo tem um lado ruim". Ou seja, com o sucesso vem o risco da presunção. Essa percepção sombria está no âmago da visão que os gregos tinham da tragédia: o próprio impulso que nos leva a obter sucesso pode nos empurrar para o abismo. A suposição de que estamos livres das consequências as torna ainda mais prováveis e reais.

A arrogância de Agamenon

Enquanto planejava o ataque a Troia, o rei Agamenon foi nomeado comandante em chefe do Exército grego. A frota aguardava suas ordens e ele esperava um vento favorável que levasse os navios ao seu destino. Mas o vento não veio. Enquanto isso, as tropas se agitavam e os suprimentos se tornavam escassos.

Agamenon decidiu pedir conselhos a Calcas, o advinho do Exército.

– A culpa é sua – disse Calcas. – Certa vez, quando estava caçando, o senhor se gabou de poder atirar lanças melhor do que Ártemis. Ela escutou e agora está se vingando. Se quiser chegar a Troia, o senhor terá de apaziguá-la.

– De que maneira? – perguntou Agamenon.

– Sacrificando a vida de sua filha – respondeu o sacerdote com ar severo.

O rei se viu diante de uma decisão difícil: se não sacrificasse a filha, Ifigênia, a frota jamais sairia do porto e ele seria humilhado aos olhos de seus súditos. Além disso, Agamenon e seus súditos jamais poriam as mãos no ouro de Troia. No fim, preferiu a glória e o ouro à vida da filha e a colocou sobre o altar de sacrifícios.

A mulher de Agamenon, Clitemnestra, nunca esqueceu a brutal decisão do marido. Durante a guerra, conspirou com um amante para assassiná-lo quando ele voltasse. Chegou a mandar acender fogueiras em elevações ao longo do caminho e instalar uma sentinela no alto de seu palácio em Micenas, à espera de um sinal da queda de Troia para iniciar os preparativos da sua conspiração o mais cedo possível.

Terminada a guerra, Agamenon volta para casa e tem a desfaçatez de levar a amante consigo. Clitemnestra estendeu um tapete púrpura, a cor real, para o marido percorrer cheio de orgulho quando descesse da carruagem e, ardilosa, convidou-o a tomar um banho quente e relaxante.

Quando o marido estava dentro da banheira, Clitemnestra e seu amante, Egisto, jogaram uma rede sobre Agamenon e esquartejaram seu corpo com suas espadas. Foi com sangue que o rei pagou por seu egocentrismo e sua crueldade.

Apesar de Níobe, Aracne e Agamenon terem pagado um preço extremamente alto, suas histórias serviram de ensinamento aos gregos sobre os perigos do orgulho excessivo. A lição para nós é a mesma: quaisquer que sejam os nossos feitos, não podemos deixar que nos subam à cabeça, ou também teremos que arcar com uma penalidade severa por isso.

BUSCANDO A EXCELÊNCIA

Antes de tentar buscar a excelência, é recomendável fazer um inventário pessoal. Quais são nossos pontos fortes? O que sabemos fazer bem? Se desejamos alcançar a excelência, são essas coisas que devemos aperfeiçoar, procurando nos concentrar nelas.

E, se a lista for curta, não há motivo para preocupação. Pode ser apenas uma indicação de que não examinamos a questão com afinco suficiente. Trata-se de pontos fortes pessoais, não necessariamente de dimensões heroicas, e de fraquezas que podemos transformar em forças.

Quais as corridas, digamos assim, de que participamos em que paramos antes da linha de chegada, não por falta de fôlego, mas por não termos interesse? A busca da excelência significa dar o melhor de nós em tudo o que fizermos. Se não existe recompensa externa, isso não quer dizer que não precisemos fazer bem o trabalho. No fim das contas, a satisfação pessoal é muito mais importante do que obter a aprovação dos outros.

Tampouco devemos encarar a busca da excelência como realização. "Busca" significa procura, tentativa. Quantas pessoas verdadeiramente fazem isso? Numa turma, quantos alunos se mostram interessados no que estão aprendendo? Quantos profissionais estão dispostos a se dedicar a um honesto dia de trabalho? Quantas pessoas desempenham bem o seu papel na vida, qualquer que seja ele? Este também é um dos significados de excelência: ser o melhor que podemos em qualquer papel que tenhamos escolhido ou que a vida nos tenha atribuído.

Muita gente faz apenas o suficiente para seguir vivendo. Se tantos agem assim, nada mais natural do que concluirmos que essa é a maneira como também devemos agir. Nesse caso, porém, estaremos nos subestimando, seguindo o exemplo de pessoas que vão morrer sem descobrir quem são.

Para os gregos, a excelência era conquistada tanto no campo físico quanto no intelectual e consistia em desenvolver o corpo e a mente. Ser intelectualmente preguiçoso é tão fácil quanto ser fisicamente preguiçoso: assim como nossos músculos se atrofiam quando não os usamos, nossa mente também se enfraquece se deixarmos. Mais uma razão para dedicarmos aos exercícios da mente a mesma atenção que damos aos do corpo.

A educação não deve terminar com uma cerimônia de formatura, pois é uma busca da vida inteira. O tempo passado numa academia de ginástica deve ser igual ao que se passa numa biblioteca. Se somos excelentes em alguma coisa, devemos também lembrar o princípio grego de não sermos orgulhosos demais. O que fizemos estará sempre abaixo daquilo que poderíamos ter feito.

CAPÍTULO 3

O terceiro pilar: A prática da moderação

A BUSCA DA EXCELÊNCIA ÀS VEZES SE TORNA tão absorvente que perdemos a perspectiva do restante de nossas vidas por causa de uma pressa compulsiva para atingir nossos objetivos. Os gregos antigos reconheciam isso e aconselhavam que se procurasse o equilíbrio e se evitassem extremos.

A necessidade de moderação era tão importante que havia uma inscrição gravada na pedra acima da entrada de um dos santuários mais reverenciados, o templo do deus Apolo em Delfos: *Mêden ágan*, ou seja, "Nada em excesso".

UM VOO ARRISCADO

A ilha de Creta foi outrora governada por um rei tirânico chamado Minos, que era servido pelo arquiteto e engenheiro Dédalo, um gênio inventivo parecido com Leonardo da Vinci.

Minos achou que Dédalo o traíra e mandou prendê-lo, e com ele seu filho, o jovem Ícaro.

O rei ponderava qual seria o melhor castigo, que muito provavelmente terminaria em morte, embora ainda não o tivesse escolhido. Enquanto não se decidia, prendeu Dédalo e Ícaro no observatório do arquiteto, instalado no alto do palácio, pois o aposento tinha somente uma saída e podia ser facilmente vigiado.

Temendo a morte de seu filho, Dédalo procurava um meio de escapar. Então, certo dia, viu algumas aves passarem voando por sua janela e elaborou um plano ousado. Arrancou grandes pedaços de cera de modelar de sua bancada de trabalho, plumas dos travesseiros e galhos finos das árvores que cresciam na sacada e criou dois conjuntos de asas leves. Prendeu-as nos braços do filho, depois nos seus. Pacientemente, mostrou a Ícaro como bater as asas tal qual um pássaro. Durante muitos dias os dois treinaram, até que chegou o momento de testar o invento.

– Meu filho – preveniu Dédalo –, você não deve voar muito baixo, ou os respingos da água salgada molharão suas asas e as plumas ficarão pesadas demais. Também não deve voar muito alto, ou o calor dos raios de sol vai derreter a cera e as asas se soltarão.

Então, a um sinal do pai, os dois, de pé na beirada do telhado, mergulharam no ar. O guarda postado lá embaixo não reparou nas duas sombras que atravessaram o piso de mármore a seus pés. Nem ao menos se virou para olhar na direção do sol a fim de verificar que pássaros seriam aqueles que projetavam sombras tão grandes.

Os dois foram subindo, cada vez mais alto, como águias pairando acima do litoral batido pelas ondas, rumo ao mar aberto e à liberdade. Camponeses levantaram o olhar do arado e os pastores, de seus rebanhos, maravilhados ao verem o homem voar pela primeira vez.

Entusiasmado por estar livre e com o fato de poder voar, o jovem Ícaro logo esqueceu a advertência do pai e voou cada vez mais alto. Aproximou-se tanto do sol que a cera de suas asas começou a amolecer e a derreter com o calor. Ícaro fez um esforço, bateu as asas mais depressa, mas acabou despencando em parafuso nas águas abaixo, e o mar engoliu seu corpo.

Como não escutava mais a voz do filho atrás de si, o velho inventor se virou para olhar, para ver onde ele poderia estar, esquadrinhando o céu e batendo as próprias asas, procurando ao redor, ansioso, enquanto lá embaixo pequeninas ondas tragavam Ícaro para sempre.

No decorrer dos anos, os estudiosos da Grécia antiga tiraram lições dessa história. Alguns observaram que os homens frequentemente ousam fazer grandes coisas, mas não reconhecem por completo os perigos relacionados às suas iniciativas. Outros sabiamente afirmaram que o caminho do meio é o melhor. Se voamos alto demais, encontramos o calor fatal do sol. Se voamos muito baixo, nos chocamos com os fatídicos vagalhões do mar. Portanto, aconselham eles, devemos procurar o meio-termo justo na vida, o equilíbrio seguro entre extremos que seriam perigosos. Assim, o melhor a fazer é agir com moderação em todas as coisas.

UMA PASSAGEM PERIGOSA

As aventuras de Ulisses ilustram bem o que os extremos põem à prova. Para voltar para casa, ao partir de Troia, seu navio tinha de passar por um estreito entre dois penhascos. Em um deles, numa caverna, vivia um monstro de seis cabeças. Na base do outro havia um imenso redemoinho, negro e profundo. O monstro poderia atacar a tripulação de Ulisses no convés e o redemoinho poderia engolir o navio inteiro. Enquanto guiava a embarcação através do estreito, o herói tinha de decidir ao lado de qual dos penhascos passaria mais perto. Escolheu o lado de Cila, o monstro, em vez do de Caríbdis, o redemoinho, pensando que seria melhor perder parte da tripulação do que o navio inteiro e todos os seus homens. Às vezes, quando deparamos com uma passagem perigosa, é preciso escolher o perigo menor e rezar para conseguir chegar ao outro lado.

Um muro longe demais

Pode haver extremos também na terra, não só no céu e no mar. Aquiles, o mais temido guerreiro da Grécia, tinha um amigo chamado Pátroclo. Ao contrário do egocêntrico herói, Pátroclo era compassivo. Em determinado momento da Guerra de Troia, Aquiles parou de lutar pela causa dos gregos e deteve as tropas sob seu comando. O motivo: ele fora insultado por seu comandante em chefe, Agamenon, um homem cuja arrogância ele abominava. Mas a decisão de Aquiles de se retirar da batalha teve consequências drásticas para o restante do exército grego.

Como as baixas aumentavam e o acampamento deles estava sendo atacado, Pátroclo procurou Aquiles a fim de lhe pedir um favor desesperado:

– Se você não quer lutar – suplicou ele –, pelo menos permita que *eu* lute. E deixe-me usar sua armadura. Quando os troianos a virem, pensarão que você voltou para a batalha e recuarão, ao menos por hoje.

Ainda cheio de rancor, Aquiles concordou com relutância, porém com uma condição:

– Faça o que fizer, não vá até os muros da cidade. Deixe-os para mim, caso eu decida voltar. Não roube a minha glória.

Pátroclo concordou, vestiu a armadura de Aquiles e saiu para o combate. Sendo ele próprio um valente guerreiro, lutou com bravura, ajudado pela ilusão que a armadura criava, enchendo de medo o coração do inimigo. Entretanto, assim como Ícaro – que, inebriado pelo voo, foi cada vez mais alto –, Pátroclo, exaltado pela perspectiva da vitória total, avançou cada vez mais na direção das muralhas fortificadas de Troia.

Então, um deus o derrubou: Apolo, que avisa sobre os perigos dos excessos. Apolo atingiu-o com força nas costas, atordoando-o e arrancando seu capacete. Depois disso, as lanças e as espadas dos troianos acabaram com Pátroclo.

O que causou sua morte? Em parte, o delírio, pois ele foi tão vítima da armadura de Aquiles quanto os homens que matou enquanto a usava, imaginando ser maior do que era realmente. Mas ele também foi vítima da busca da excelência, que pode levar um homem longe demais.

O meio-termo teria sido mais seguro para ele. Mas perceber a moderação é difícil quando se está cego pela emoção – e mais difícil ainda quando é uma linha invisível, não definida tão claramente quanto o sol ou o mar de Ícaro. Pátroclo só podia enxergar as muralhas, as mesmas que marcaram o destino e o final fatídico de seu sonho.

DO AMOR E DE SUA NEGAÇÃO

De todos os meios-termos justos, os mais difíceis de achar são os que estão em nosso íntimo. Não existe nenhuma régua à mão para se traçar a média entre extremos psicológicos, nenhuma calculadora simples que se possa utilizar. Hipólito aprendeu essa lição a duras penas, como nos conta Eurípides em uma peça.

A tragédia de Hipólito

O príncipe Hipólito era filho do rei Teseu de Atenas e venerava Ártemis, a virginal deusa da caça. Ao mesmo tempo, desdenhava de Afrodite, a deusa do amor erótico, pois venerava a virgindade e portanto rejeitava as relações sexuais e o casamento. Por essa razão, Afrodite jurou castigá-lo. E, para levar a cabo sua vingança, fez com que a madrasta de Hipólito, a rainha Fedra, se apaixonasse loucamente por ele.

Sentindo-se culpada por sua obsessão sexual, Fedra fez confidências à criada, que a aconselhou a ir ao encontro de seu desejo. No entanto, sua consciência e a lealdade ao marido a impediram de seguir esse conselho. A criada, porém, revelou o segredo da rainha a Hipólito, na esperança de que ele sentisse o mesmo e satisfizesse o desejo de Fedra. Em vez disso, ele ficou chocado com o que ouviu. Quando Fedra descobriu o que a criada fizera, sua vergonha a levou a cometer suicídio, não sem antes deixar um bilhete para o marido, Teseu, culpando Hipólito por tudo o que acontecera. Depois de encontrar o corpo da mulher e ler o bilhete, Teseu amaldiçoou o filho, que morreu cruelmente nas mãos dos deuses.

Como o dramaturgo deixa claro, o pecado de Hipólito não foi a adoração da virgem Ártemis, mas a exclusividade dessa adoração. A peça ensina que não se deve renunciar a nenhuma das divindades – ambas devem ser reconhecidas e respeitadas pelo poder que representam. Se Hipólito tivesse reverenciado Afrodite em vez de Ártemis, seria esta quem se vingaria.

É certo que poucos algum dia se verão envolvidos no trágico papel de Fedra ou Hipólito. Mas somos criaturas dotadas de sexualidade e todos devemos praticar a moderação, buscando um equilíbrio erótico entre a negação completa de nosso desejo e a total escravização aos nossos impulsos sexuais.

Tração fatal

De todas as mulheres da mitologia grega, Atalanta era a mais atlética. Derrotou o vigoroso pai de Aquiles numa luta corporal e ajudou Meleagro a caçar o feroz javali de Cálidon. Porém a passagem mais conhecida de sua história foi a de seu namoro, quando foi cortejada por um pretendente.

Ao que tudo indica, ela desdenhava o casamento porque achava que iria limitar sua liberdade. Sempre motivada por seu espírito competitivo, desafiava todos os pretendentes para uma corrida. Se ele ganhasse, se casaria com ele; se perdesse, ele morreria. Às vezes, Atalanta carregava uma lança e dava ao candidato uma distância de vantagem. Quando cruzava a linha de chegada na frente dele, virava-se e o matava.

Apesar do perigo a que se expunham, muitos pretendentes eram atraídos pelo desafio. O homem que finalmente conquistou sua mão foi Hipomenes. Como geralmente acontecia, Atalanta lhe concedeu uma vantagem inicial. Mas ele era astuto e levava consigo três pomos dourados que a deusa do amor lhe dera.

Enquanto corria, deixou-os cair, um depois do outro, e Atalanta parou todas as vezes para apanhar as frutas. O atraso lhe custou a vitória na corrida e sua liberdade. Ao rejeitar uma tentação (o sexo), acabou sendo atraída por outra (o gosto pela extravagância) e assim o amor triunfou.

PRISIONEIROS DO AMOR

O amor erótico é uma das emoções humanas mais poderosas e a única que os gregos consideraram uma divindade. Seu nome era Afrodite, a deusa do amor. Ela vive ainda hoje, e estamos sujeitos aos seus poderes. Na verdade, um dos grandes testes de moderação é o grau em que permitimos que ela governe nossas vidas.

Portanto, não era por acaso que os gregos viam a mão de Afrodite em atividade na formação de seu passado mítico. A profusão de mitos relacionados ao amor nos ensina sobre as características humanas e a paixão dos gregos, assim como nossa própria vulnerabilidade.

OS PODERES DE AFRODITE

Como inúmeros mitos gregos, a lenda da Guerra de Troia começa com uma história de amor. Peleu, um rei grego, se apaixonou por Tétis, uma ninfa do mar, e quis se casar com ela. O problema é que eles vinham de dois mundos diferentes: o dos mortais e o dos deuses. Misturar esses universos seria o mesmo que combinar dois elementos químicos voláteis, o que resultaria em uma experiência potencialmente perigosa.

Mas como tantos outros enamorados, eles acreditavam que o amor tudo conquista e começaram a planejar seu casamento. Para se certificarem de que seria uma ocasião feliz, tiveram o cuidado de excluir Éris, a deusa das dificuldades, da lista de convidados. Coerente com sua natureza, porém, ela compareceu mesmo assim, apresentando-se no palácio de Peleu com um presente de casamento especial, um pomo de ouro em que estavam inscritas as palavras "À mais bela". Deixou o pomo cair aos pés das três deusas que se encontravam na festa: Hera, a rainha dos deuses; Atena, a deusa da sabedoria; e Afrodite, a deusa do amor. As três se abaixaram para pegar a fruta, cada uma delas pensando, por causa da inscrição, que lhe era destinada. Logo começaram a discutir e foram convidadas a fazer isso do lado de fora.

Para resolver a questão, decidiram escolher um árbitro e foram para o alto do Olimpo apresentar o caso a Zeus. Este deparou com um problema. Se escolhesse Hera, sua mulher, criaria uma desavença com as outras duas deusas. Porém, se *não* a escolhesse, sua vida doméstica ficaria abalada. Por isso, achou melhor que outra pessoa decidisse e mandou que as três deusas fossem ao monte Ida, no litoral turco, perto de Troia, consultar um pastor que cuidava de seu rebanho.

– Peçam que *ele* decida – disse Zeus. – Tenho certeza de que será um juiz imparcial.

E então as três deusas foram para o local indicado e apresentaram a questão ao jovem pastor, cujo nome era Páris. Mas não deixaram de tentar subornar o juiz. Hera, em sua posição de rainha dos deuses, disse que o transformaria no rei mais poderoso da terra. Atena, por sua vez, sendo a deusa da sabedoria, se propôs a torná-lo o mais sábio dos filósofos. Por fim, Afrodite cochichou em seu ouvido que, se a escolhesse como a mais bela das deusas, daria a ele a mão da mais linda mulher da terra. Fiel à sua natureza sensual, Páris escolheu Afrodite.

Anos depois, Páris, que não era um pastor comum, e sim um membro da família real de Troia, foi escolhido para liderar uma missão diplomática na cidade grega de Esparta. Ao chegar ao palácio de Menelau, soube que o rei espartano estava viajando, mas foi recebido de modo hospitaleiro pela mulher dele, a rainha Helena.

Foi quando Afrodite decidiu lançar seu feitiço e cumprir sua promessa. Helena era considerada a mulher mais bela de toda a Grécia. Por isso, seu pai ficara tão preocupado quando ela estava sendo cortejada que pediu a todos os seus pretendentes que fizessem um juramento: depois que ela escolhesse um deles e se casasse, todos se reuniriam e a devolveriam para o marido escolhido caso algum outro homem a levasse embora. Claro que Helena se apaixonou perdidamente por Páris assim que o viu, e ele por ela. Os dois então planejaram fugir juntos para Troia num navio, e, por amor, ela abandonou sua terra natal, seu marido e a filha pequena.

Quando Menelau voltou para casa, descobriu que sua mulher o deixara e foi informado de tudo o mais que acontecera. Enfurecido por aquele insulto à sua honra, ele pediu ajuda ao irmão mais velho, Agamenon, rei da cidade vizinha de Micenas e o mais poderoso governante da Grécia feudal. Este, por sua vez, enxergou nisso uma oportunidade – não só de resgatar Helena e ajudar a recuperar a honra do irmão, mas de usar o incidente para declarar guerra a Troia, uma das cidades mais ricas da época. Os outros reis e príncipes da Grécia acorreram, não apenas porque Agamenon os fez se lembrarem de seu juramento, mas porque eles também viam naquilo uma oportunidade para pilhar aquela cidade e aumentar suas riquezas.

E assim começou a Guerra de Troia, com uma frota de mil navios gregos tripulados por 50 mil homens. O conflito se arrastaria por 10 anos, pois Troia também tinha aliados e estava solidamente fortificada.

E quanto a Helena? No fim, os gregos venceram e Menelau a levou de volta para casa. Na *Ilíada*, o poeta Homero a apresenta e fornece uma descrição de sua personalidade. Ela ainda era prisioneira de Afrodite, mas odiava a si mesma por ter cedido ao desejo, abandonando a filha, o marido e o lar e causando mortes e sofrimentos ao povo de Troia. Seu nome viveria para sempre na infâmia, não como Helena de Esparta, mas como Helena de Troia, "o rosto que lançou ao mar mil navios".

Seria o caso, então, de rejeitar as seduções de Afrodite por causa dos perigos que causam? O amor *realmente* conquista tudo, mas, como os antigos perceberam, é a nós que conquista, pois nada pode detê-lo em seu caminho. O sexo é uma força vital cujo objetivo é perpetuar a espécie, uma força que vê no indivíduo apenas um instrumento de seu imenso poder. Deve-se, então, desprezar o sexo? A trágica experiência de Hipólito nos ensina o contrário. É o meio-termo, e não os extremos, que devemos buscar. O ascetismo não combinava com os gregos antigos. Devemos amar, sim, mas com moderação – isto é, se pudermos!

Até a própria Afrodite certa vez se viu prisioneira do amor. Os deuses do Olimpo, aparentemente, não gostavam do controle emocional que ela exercia sobre eles, sobretudo Zeus, que teve incontáveis casos amorosos. Portanto, o rei dos deuses resolveu que Afrodite teria de pagar na mesma moeda e fez com que *ela* se apaixonasse. E, para tornar a experiência a mais humilhante possível, fez com que se apaixonasse por Anquises, um reles mortal. Bem, não tão reles assim: ele era membro da família real de Troia antes da guerra. Reza a lenda que tiveram relações sexuais apenas uma vez, mas foi o bastante. Afrodite engravidou e deu à luz um filho dele. No fim, seu amante por apenas uma noite acabou ficando aleijado – segundo alguns, por ter se vangloriado de ter dormido com a deusa do amor e segundo outros, porque a experiência em si fora intensa demais.

Afrodite e Helena não foram as únicas prisioneiras do amor. Há outros mitos gregos que mencionam indivíduos que percorreram a sublime corda bamba entre o prazer e o sofrimento e assim experimentaram os extremos do amor.

Pigmalião e Galateia

Quando estamos solitários e precisamos de alguém para amar e que nos ame, nossa imaginação erótica pode construir a imagem do tipo de pessoa que esperamos encontrar, alguém que poderá satisfazer inteiramente nossas necessidades, atendendo-as de uma forma que ninguém mais saberia fazer. Claro que a vida real jamais nos proporciona tamanha perfeição – e como poderia, já que nós mesmos não somos perfeitos? No entanto, quando o cantil está seco, o sedento viajante do deserto vai ansiar por encontrar um oásis atrás da próxima duna até essa própria ânsia tornar a água palpável.

Foi o que aconteceu com um homem chamado Pigmalião, que morava no Chipre, uma das primeiras ilhas que Afrodite visitou depois de seu nascimento no mar, fazendo com que o lugar tivesse associações históricas com o erótico. Segundo uma das lendas, Pigmalião era o rei da ilha; de acordo com outra, era um escultor. Rei ou escultor, porém, ele ainda não havia encontrado a mulher a quem entregar seu coração. A prostituição também era algo comum na ilha, por isso, enojado com a promiscuidade das mulheres cipriotas, ele decidira viver sozinho. Mesmo assim, em sua solidão, continuava ávido de amor, como um marinheiro sedento que não pode beber a água salgada que o cerca.

Certa tarde, quando Pigmalião trabalhava numa nova estátua, sentiu que suas mãos se moviam com uma paixão inconsciente. Entalhou cada peça de marfim com uma intensidade que não lhe era habitual e fixou uma por uma na matriz de madeira. Tomando forma em suas mãos, começou a surgir uma figura em tamanho natural e de inesperada beleza, de pele clara e com um sorriso doce. Ele pintou os lábios de um tom rosado e colou os olhos. Ao fazê-lo, a estátua o encarou – ou assim lhe pareceu – com gratidão. Então ele recuou, admirando não seu trabalho, pois a estátua não aparentava mais ser algo que ele tivesse criado, e sim alguém que ele tivesse ajudado a trazer à vida, o todo mais atraente que a soma das partes, uma mulher de beleza perfeita que satisfazia seus desejos e expectativas. Pigmalião saiu para tomar um gole de vinho e voltou para perto da estátua. Ela parecia estar esperando por ele, que quase se desculpou por sua breve ausência.

À noite, na solidão de sua cama, lembrou o rosto de marfim que suas mãos tinham tocado. Não conseguiu dormir, então se levantou e voltou para o estúdio. Lá estava ela, o luar palidamente refletido em sua pele nua. Pigmalião sentou-se ao lado dela e a fitou.

"Quem dera você fosse de verdade", pensou ele.

Na manhã seguinte, acordou no chão do estúdio, onde acabara adormecendo. À luz clara do sol, a estátua que ele havia esculpido parecia apenas uma estátua e nada mais, bela na superfície, mas sem nenhum espírito no interior.

Naquela noite, viu-se novamente sozinho na cama. Ao longe, escutava o riso de um casal que passava pela rua. Acompanhou suas vozes até dobrarem a esquina e o som desaparecer. Enquanto estava ali deitado, inquieto, lembrou-se de um poema escrito por outra amante, Safo, que também vivia numa ilha:

A lua já sumiu no céu,
e também as Plêiades; já a meio do caminho
vai a noite, o tempo passa,
e estou só em minha cama.

Para Pigmalião, entretanto, a lua ainda não sumira. Então ele se levantou e foi para o estúdio outra vez. Ela ainda estava lá, de pé, iluminada pelo luar, silenciosa, radiante e pura. Então, ele fez algo bem estranho, algo que revelava sua ânsia e seu desespero extremos. Delicadamente, levantou a estátua e a levou para a cama, deitando-lhe a cabeça no travesseiro ao seu lado. Pousou a mão em seu peito, acariciou os seios que ele próprio esculpira, comprimiu os lábios na face dela e pronunciou o seu nome pela primeira vez: "Galateia", que significa "branca como leite". Enquanto ela brilhava ao luar, ele continuava a falar, dizendo-lhe quanto a amava e quanto tempo havia esperado que ela viesse fazer parte de sua vida.

De manhã, devolveu a estátua ao pedestal, dessa vez envolvendo seu corpo em um tecido diáfano que comprara na véspera no mercado. Em seguida, escondeu-a atrás de um biombo para que ninguém mais visse a obra-prima que criara. À noite, levou-a novamente para sua cama, despindo-a e abraçando-a até pegar no sono.

No dia seguinte seria realizado o festival de Afrodite, a data mais alegre da ilha. Pigmalião foi ao templo da deusa e pediu a ela com todo o fervor de seu coração: "Dê vida à mulher que eu amo, e que ela me ame com um amor igual ao que eu lhe dedico." No fundo, sabia que era uma prece impossível de ser atendida. Melhor seria ter rezado para Asclépio (ou Esculápio), o deus da medicina, para curar sua loucura e dar fim àquela ilusão, embora a loucura e a ilusão preenchessem sua alma como nada antes jamais o fizera.

Quando anoiteceu, Pigmalião voltou a cumprir seu ritual, levando Galateia para a cama e deitando-se ao lado dela até o amanhecer. Naquela noite, porém, quando pousou o braço sobre seu peito, os seios de marfim estavam macios e quentes, subindo e descendo à medida que a estátua respirava. Os olhos dela, que sempre tinham estado abertos até então, piscaram e Pigmalião viu lágrimas rolarem deles.

– Galateia! – disse ele, espantado. – Galateia!

Seu nome foi só o que ele conseguiu dizer quando ela se virou e o beijou, pronunciando o nome dele como se o conhecesse desde o dia de seu nascimento – o que não deixava de ser verdade. Afrodite, para quem todas as coisas são possíveis, atendera à prece de Pigmalião, reconhecendo o seu intenso desejo.

Alguns dizem que a história de Pigmalião e Galateia expressa bem a natureza humana. Ser humano, alegam, é ser incompleto. Nossa vida é uma busca permanente de algo que nos complete, que encontramos em corpo e espírito ao abraçar outra pessoa, que se vira para nós no mesmo momento em que nos viramos para ela a fim de nos tornarmos inteiros. Fomos feitos homens e mulheres pelos deuses, mas, como indivíduos, somos ansiosas metades que precisam encontrar umas às outras.

O Universo, ensinou o filósofo Pitágoras, é composto de opostos, de extremos: dia e noite, luz e trevas, par e ímpar, homem e mulher. Somente com a união mística desses opostos o cosmos pode ser compreendido.

Outros dizem que a história não é sobre a atração que sentimos uns pelos outros, mas sobre nossa ânsia por beleza e perfeição, uma compulsão que artistas como Pigmalião conhecem profundamente. É inevitável que essa perfeição esteja além do alcance de qualquer pessoa. Até mesmo Galateia, a partir do exato momento em que despertou, começou a envelhecer. Naquele instante, teve início o declínio de sua beleza, pois todas as coisas vivas se degeneram no percurso da estrada que vai do nascimento à morte. Pigmalião iria aprender essa verdade a cada dia quando olhasse o rosto de sua amada e contemplasse aquele corpo que já fora de marfim. Tal deterioração, porém, é inerente à vida. Só quem se contenta com uma obra de arte sem vida rejeitará uma mulher de verdade, mas quem aceita uma mulher de verdade nunca terá a ideal.

A perfeição ideal só pode ser captada na arte. É aquele momento precioso capturado, por exemplo, num único quadro de filme. Mas, à medida que o filme avança, um momento vai substituindo outro.

Tamanha perfeição, nunca saciada, pertence à arte, não à vida real. No entanto, essa perfeição nos mostra o objetivo a que devemos aspirar, aqueles momentos evanescentes que fazem toda uma vida valer a pena.

A procura da perfeição pode causar sofrimentos intensos, como os que Pigmalião experimentou. Se moderamos nossos desejos e expectativas, nos poupamos de angústias desnecessárias.

Torturados por uma visão de beleza perfeita e angustiados pela certeza de sua impermanência, os artistas da Grécia antiga procuraram "congelar" essa beleza utilizando os veículos que tinham à disposição: o pincel do pintor e o cinzel do escultor. Nos vasos e nas estátuas, a visão clássica da beleza ainda perdura.

No instante em que compreendemos e aceitamos que a vida é constituída apenas de momentos fugazes e que não nos pertence, que não podemos nos apoderar dela, percebemos como ela é realmente preciosa. No fim, a estátua de Galateia, por mais perfeita que fosse, deixaria de satisfazer Pigmalião. Seu silêncio não atenderia às necessidades daquele homem, pois somente sua voz e seus pensamentos – como em uma mulher de verdade – poderiam acabar com a carência dele.

Mas isso não significa que o perfeccionista Pigmalião fosse ficar sempre satisfeito com tudo o que Galateia dissesse! Ao dar vida à estátua, Afrodite também lhe deu liberdade e independência – um preço que Pigmalião teria de pagar.

Píramo e Tisbe

Costumamos associar os extremos emocionais do amor às intensas paixões da juventude, o que de fato acontece no mito de Píramo e Tisbe, ambientado na antiga Babilônia. É a história de jovens apaixonados que moravam em casas vizinhas separadas por uma parede comum. Seus pais eram contra a amizade, mas havia uma fenda na parede e através dela os dois conversavam, partilhando seus sentimentos e esperanças.

Com o tempo, ficaram mais corajosos e planejaram um encontro. Sairiam de suas casas separadamente e se encontrariam junto ao túmulo do rei Ninus, nos limites da cidade. Tisbe chegou lá primeiro e esperou ao lado do túmulo pela chegada do amado.

Ao ouvir o rugido de um leão, escondeu-se numa caverna próxima, assustada, deixando cair o véu enquanto corria. E de fato surgiu o animal, ainda sujo de sangue da caçada recente. Ao dar com o véu, abocanhou-o e sacudiu-o, rasgando-o com suas presas ensanguentadas.

Pouco depois, Píramo apareceu. Chamou pelo nome da amada e, não a avistando em lugar nenhum, contornou o túmulo e viu o véu rasgado e manchado de sangue. Em pânico e convencido de que Tisbe fora destroçada até a morte por um leão, Píramo sacou a espada e a enfiou no próprio peito, preferindo se matar a viver sem a moça que amava. Tisbe, no entanto, logo voltou ao local combinado, junto ao túmulo. Ao ver o corpo inerte do amado caído no chão ao lado de sua espada e o véu ensanguentado mais adiante, deduziu o que havia acontecido. Em vez de viver na solidão, ela também decidiu morrer para se juntar ao amor de sua vida. Então pegou a espada de Píramo e se jogou sobre a lâmina a fim de se encontrar com ele no reino de Hades.

Antes de se matar, Tisbe rezou para que seus pais os perdoassem e os enterrassem juntos na mesma sepultura. Também pediu aos deuses que a amoreira que havia perto dali protegesse o túmulo deles com sua sombra e se tornasse um monumento a seu amor eterno. As preces dela foram atendidas. Suas cinzas e as de Píramo foram depositadas na mesma urna, que foi enterrada junto à árvore. Daí em diante, quando seus frutos amadureciam, a árvore ficava vermelha como sangue, numa miraculosa celebração da trágica morte dos amantes. Ser jovem é ser impulsivo e levar uma vida de extremos. Ser jovem e apaixonado pode levar ao sofrimento e até à tragédia.

Mesmo que seja ilusão esperar que jovens amantes sejam comedidos em seus sentimentos, a história de Píramo e Tisbe revela os riscos de se ignorar a moderação. Entretanto envolve compaixão, pois os dois exemplificaram um dos mais nobres instintos humanos: o do amor.

A recompensa da bondade

A história de Baucis e Filêmon se passa na Frígia, um reino que fazia parte do território que hoje pertence à Turquia. Conta-se que Zeus e Hermes estavam viajando pelo país, não como deuses, e sim disfarçados de homens comuns. Procurando abrigo para passar a noite, bateram de porta em porta, mas ninguém teve a generosidade de hospedá-los. Finalmente, chegaram a um casebre humilde onde vivia um casal idoso. Quando bateram à porta, foram saudados com um cumprimento de boas-vindas e um convite para um jantar simples, o melhor que o casal poderia oferecer.

Depois da refeição, os deuses revelaram sua verdadeira identidade, para grande espanto dos donos da casa.

– Vamos subir a montanha. Por favor, nos acompanhem – chamaram os deuses.

Quando os quatro chegaram ao topo, Filêmon e sua mulher se viraram para olhar para trás e o que viram lhes causou grande susto. Todo o campo havia sido inundado e as casas de seus vizinhos estavam cobertas pela água, menos a deles. Notaram também que seu casebre tinha sido transformado em um templo majestoso, adornado com colunas de mármore e um teto dourado.

– Castigamos seus vizinhos avarentos e agora queremos recompensar vocês – disse Zeus. – Peçam o que quiserem e realizaremos seu desejo.

Baucis e Filêmon se entreolharam e conversaram um pouco em voz baixa, então fizeram um modesto pedido aos deuses:

– Nós nos conhecemos e nos amamos a vida inteira, por isso nenhum dos dois quer ser deixado na solidão depois que o outro morrer. Quando chegar nossa hora, podemos morrer juntos?

– Que assim seja – disse Zeus.

Então Baucis e Filêmon voltaram para o vale e se tornaram sacerdotes do templo do rei dos deuses. Depois de muitos anos, quando estavam diante das portas do santuário, ambos foram milagrosamente transformados em árvores entrelaçadas, que passaram a ser reverenciadas pela população local como um símbolo vivo de devoção e amor fiel.

Esse mito ensina que a bondade não deve ser medida de acordo com uma escala econômica. A virtude de Baucis e Filêmon era a generosidade: davam o que eram capazes de dar. E o pedido que fizeram aos deuses não foi de um bem material, mas algo baseado na afeição que sentiam um pelo outro e na vontade de servir aos deuses. Seu desejo foi modesto e sua recompensa, divina.

O MITO DO ENVELHECIMENTO

A arte grega, em geral, não fazia referência à infância nem à velhice, mas à época entre esses dois extremos. Metaforicamente, podemos dizer que os escritores e artistas gregos não tinham muito interesse no botão de rosa nem em suas pétalas murchas, mas na flor em pleno viço. Era essa fase que melhor expressava a essência da rosa e sua perfeição, já que o essencial e o perfeito eram preocupações constantes na Grécia.

Quanto à velhice propriamente dita, era considerada impiedosa, implacável – um fardo mais pesado que o monte Etna. Os gregos tinham aversão não apenas às doenças da velhice mas aos danos estéticos que ela causava ao corpo. A deterioração física provocada pelo envelhecimento agredia as preferências helenísticas que prezavam a beleza em todas as coisas. É por essa razão que poucos idosos são representados na arte clássica grega. O que mais vemos são físicos de adultos vigorosos, e não indivíduos decrépitos e fracos. A feiura era algo de que eles se envergonhavam, por isso envelhecer era considerado uma desgraça, pelo menos durante o período clássico, o século V a.C.

À medida que esse período vai chegando ao fim, porém, surge um movimento de contestação que cresce e se transforma num rugido desafiador. Rejeitando as tendências conservadoras da arte clássica, os escultores da era pós-clássica decidiram dar aos idosos o respeito que mereciam. Por isso, estátuas do século IV a.C. e da era helenística os representam com dignidade heroica e total realismo. A poesia grega da época confirma que as paixões persistem na alma apesar da debilitação do corpo.

O que a arte dessa época nos ensina é que ser velho significa estar vivendo por um fio. Se a velhice é um extremo, então é um extremo que precisamos aceitar. Temos de viver até o fim de nossos dias com animação extraordinária, pois são os únicos dias que nos restam. A paixão pela vida foi o princípio dominante no pensamento grego. Portanto, quando o fim está próximo, a paixão se torna ainda mais necessária, mesmo em face do apelo à moderação.

O jovem Aquiles podia abrir mão da vida em prol da fama eterna. Era a *opção* dele. Morrer na velhice *não* é algo que possamos escolher, mas, se temos de envelhecer, então que seja de maneira heroica, lançando mão de todos os poderes que nos restam num esforço final para legitimar nossa existência.

PRISIONEIROS DA MATÉRIA

Assim como o desejo erótico nos atrai uns para os outros, o desejo de posses materiais nos atrai para as coisas. Os dois impulsos nascem da mesma necessidade humana – a de ser mais do que somos –, que não se satisfaz com o crescimento interior, mas com a aquisição exterior.

Da mesma forma que o desejo carnal às vezes pode acabar nos machucando, a cobiça pelas posses materiais também pode. Os filósofos estoicos da Grécia argumentavam que não possuímos nossos bens, mas somos possuídos por eles. É verdade: quanto mais coisas possuímos, mais elas exigem de nós. Se você tem uma casa, mais cedo ou mais tarde precisará fazer consertos e cuidar da manutenção doméstica. Se possuir duas, seus problemas serão dobrados. Consequentemente, a pessoa mais verdadeiramente livre é a que menos coisas possui.

Existem muitas lendas gregas relacionadas ao preço que pagamos por amar outra pessoa. Ariadne e Medeia foram traídas pelos homens que amavam. Helena de Troia sacrificou sua honra. Há outros mitos a respeito do preço que pagamos por amar demais as *coisas* – Midas, por exemplo, rapidamente se arrependeu de ter desejado seu toque de ouro. Nosso amor pelas pessoas e pelas coisas, se levado ao excesso, pode causar sofrimento e tragédia.

A lenda da Atlântida

Sofrimento e tragédia podem ocorrer em grande escala quando a ganância caracteriza uma sociedade inteira. Em suas obras *Timeu* e *Crítias*, Platão conta como a avareza certa vez destruiu toda uma civilização. Segundo seu relato, a história foi narrada pela primeira vez por um estudioso ateniense chamado Sólon, que no século VI a.C. visitou o Egito, onde ela lhe foi contada por um sacerdote local.

Certa vez existiu uma rica e poderosa civilização que vivia em uma vasta ilha, que se situava no oceano distante onde o gigante Atlas sustentava os céus em seus ombros. Em homenagem a ele, o oceano recebeu o nome de Atlântico e a ilha, de Atlântida. Seus habitantes veneravam os touros e o deus do mar. Eram grandes marinheiros cuja influência chegava à costa do Mediterrâneo, ao Egito e à Grécia. Sua cultura era bastante avançada para a época: sabiam ler e escrever e dominavam a metalurgia e a arquitetura. Apesar de suas riquezas, no entanto, sempre queriam mais, e essa ganância os transformou em imperialistas arrogantes que sonhavam conquistar a Europa e o Oriente Médio. E foi essa avidez que acabou por destruí-los. Com a paciência esgotada, os deuses decidiram castigar o povo por sua arrogância. As águas do oceano se ergueram numa grande onda e, no decorrer de um dia e uma noite terríveis, Atlântida desapareceu no mar para nunca mais ressurgir.

A lenda desse reino perdido tem uma verdade moral e histórica: muitas nações são frequentemente destruídas por causa de suas metas expansionistas.

O rei Creso, da Lídia, aprendeu essa lição da pior maneira, quando invadiu o território persa. Atenas, onde Platão nasceu, foi destruída por suas ambições imperialistas. A riqueza inspira a arrogância, a arrogância dá origem à insensatez e a insensatez é um convite à vingança. Não importa se uma nação acredita ou não nos deuses gregos. As consequências cósmicas são as mesmas. A lei universal se aplica a todos: experimente exceder os limites, rejeitar a moderação e logo aprenderá que você não passa de um ser minúsculo diante de um Universo enorme. É uma lição que todos os ditadores, antigos e modernos, foram obrigados a aprender. Infelizmente, sempre surgem novos tiranos que nunca a assimilam.

A Guerra de Troia

Para salvar Helena, a rainha sequestrada, os gregos lançaram ao mar uma frota de mil navios e sitiaram a poderosa cidadela de Troia durante 10 anos sem conseguir invadi-la. Acabaram vencendo pela astúcia, não pela força, utilizando o ardiloso Cavalo de Troia recheado de soldados, que assim escondidos entraram na cidade murada. Depois de saqueá-la e queimá-la, os gregos navegaram de volta para casa com seu butim de ouro.

Micenas era a mais proeminente cidade da Grécia naquela época e também lar de Agamenon, comandante em chefe do Exército grego. Foi essa cidade que deu origem ao termo "micênico" (ou "miceniano"), que designa os gregos daqueles tempos heroicos. Apesar de todas as suas robustas fortificações, Micenas e as outras cidadelas do mundo micênico foram destruídas cerca de dois séculos após a extinção de Troia. Depois disso, a Grécia regrediu para a Idade das Trevas, período que durou quatro séculos.

Quem destruiu as fortalezas micênicas? E, o que é ainda mais significativo, com que recursos o inimigo alcançou seu objetivo? Os próprios gregos acreditavam que a causa da destruição havia sido uma onda de invasões de novos imigrantes vindos do norte. Mas o que os fez derrotar um inimigo tão poderoso, a raça de guerreiros que havia capturado Troia? Os estudiosos não sabem responder. A prolongada guerra contra aquela cidade pode ter desgastado os micênicos, que teriam se enfraquecido pelos conflitos sangrentos que se seguiram ao retorno para casa. Talvez existam também outras causas, como fome e doenças. Sejam quais forem os motivos ou a combinação de fatores, suas muralhas gigantescas demonstraram ser uma forma de defesa inadequada contra os novos oponentes. Os que tinham vivido pela espada morreram por ela, e a ganância que os levara a Troia foi a mesma que motivou seus destruidores.

Foi durante a Idade das Trevas que Homero compôs seus poemas heroicos. A *Ilíada* tratava da Guerra de Troia em si. A *Odisseia* abordava o período imediatamente posterior à guerra, quando um herói em particular, Ulisses (em grego: Odisseu), luta para voltar à sua terra e reconstruir a sociedade pré-guerra que fora forçado a deixar para trás. A ganância, suas consequências e o trágico abandono da moderação constituem os temas de cada poema.

Uma briga por causa de concubinas

A *Ilíada* começa com uma disputa motivada por posses. Obrigado a devolver uma concubina troiana ao pai dela, Agamenon escolhe para si a amante de Aquiles, enfurecendo o guerreiro e forçando sua retirada da Guerra de Troia. A desavença foi sobre mulheres, não sobre amor, pois elas eram posses e símbolos de prestígio. Durante nove anos, Agamenon se reservara o direito de escolher primeiro os espólios de guerra, o que irritava Aquiles. Apropriarem-se de sua concubina, portanto, foi a gota d'água. Em última análise, a guerra que se desencadeara por causa da posse de uma mulher, Helena, terminou com uma batalha por causa de dois símbolos de prestígio idênticos – outras duas mulheres. E, com isso, mais sangue foi derramado.

A ganância na *Odisseia*

No caminho de volta para casa, Ulisses e seus homens desembarcaram numa ilha governada por um rei chamado Éolo, encarregado pelos deuses de controlar os ventos. Depois de recebê-los de modo hospitaleiro, o rei se despediu do herói grego lhe propiciando um vento favorável para seguir viagem com mais rapidez. Também lhe deu um presente especial, que Ulisses guardou bem fechado numa bolsa de couro.

Quando se lançaram ao mar, Ulisses adormeceu. Mas os membros de sua tripulação ficaram acordados, tentando adivinhar o que havia na bolsa. Seria prata? Ouro? Enquanto o capitão dormia, decidiram satisfazer sua curiosidade e cobiça e desamarraram a bolsa para espiar seu interior.

No momento em que ela foi aberta, o "presente" fugiu depressa, pois Éolo dera a Ulisses uma bolsa repleta de ventos. Com eles à solta, seguiu-se uma violenta tempestade que quase afundou o navio e acabou empurrando-os de volta para a ilha da qual haviam acabado de partir. Aborrecido por seu presente ter sido mal usado, Éolo os mandou embora, dessa vez sem nenhum vento para ajudá-los a cruzar a vastidão do mar. A ganância de seus homens privou Ulisses de uma travessia fácil para casa.

Dez anos se passariam até que o herói finalmente atracasse em Ítaca. E lá uma batalha já o esperava, pois na sua ausência seu palácio havia sido ocupado pelos arrogantes nobres de seu reino, que planejaram o assassinato de seu filho, o príncipe Telêmaco, abateram seus rebanhos e beberam seu vinho, esperando que a mulher de Ulisses, Penélope, escolhesse um deles para ser seu novo marido.

Embora pertencessem à aristocracia, esses pretendentes foram descritos pelo poeta como verdadeiros inimigos da sociedade, porque não tinham nenhum respeito por suas normas. Eram egoístas e não contribuíam em nada para a comunidade. No fim, Ulisses matou todos eles num violento confronto, vingando não apenas os crimes que cometeram contra o trono como também seus pecados para com a civilização.

A lição comum a esses dois episódios é a de que a ganância pode seduzir os homens e se tornar sua ruína. Apenas com a moderação podemos sobreviver e prosperar.

O anel de Giges

O que torna o autocontrole tão difícil é o fato de não haver limites para os nossos desejos a não ser os impostos pela consciência e pela lei – e é bom lembrar que a consciência é moldada pelo medo do castigo. Se nos deixassem fazer o que quiséssemos, livres de toda e qualquer punição, nossa natureza interior nos levaria a procurar a satisfação de todos os nossos desejos.

Essa, sem dúvida, é uma avaliação cínica da natureza humana e revela por que é tão importante decidirmos de que modo queremos levar a vida: como criaturas portadoras de vontades desprezíveis ou como algo mais do que isso. Foi essa a questão abordada por Platão em *A República*. E, para ilustrá-la, um dos participantes do diálogo contou uma história sobre um homem chamado Giges e um anel mágico encontrado por ele.

Segundo a lenda, Giges descobriu uma tumba subterrânea com um corpo que usava um anel de ouro. Ao levá-lo para casa e enfiá-lo no dedo, descobriu com surpresa que, quando girava o anel no sentido da palma da mão, as pessoas ao seu redor começavam a falar como se ele não estivesse presente. Ao girá-lo no sentido oposto, era como se tivesse reaparecido.

Para Platão, esse mítico anel da invisibilidade se tornou um teste imaginário da firmeza ética de um indivíduo. Se possuísse um anel desses, perguntava o filósofo, quem resistiria à oportunidade de se tornar invisível para satisfazer todos os seus desejos? Se roubasse, ninguém o veria. Se dormisse com uma mulher, sua identidade permaneceria desconhecida. Quer dizer, então, que a humanidade se resume a nossos instintos mais baixos? Somos apenas animais contidos pela jaula da lei?

Não, respondeu Platão, pois existe uma razão interna para levarmos uma vida digna. Na realidade, uma vida de autocontrole que atribui limites ao comportamento é melhor não só para a sociedade como também para o indivíduo. Em termos pessoais, a lição de Platão é que todos nós temos de buscar o meio-termo justo para viver em harmonia, porque esse é o único caminho para a paz interior e a felicidade duradoura.

A REPÚBLICA DA ALMA

Em *A República*, Platão tentou definir a composição de um Estado ideal. É por essa razão que a obra recebeu tal título. Entretanto, seu objetivo mais amplo e mais profundo era definir a composição de uma personalidade ideal. Platão começou seu trabalho com uma discussão sobre governo por achar que uma nação é um alvo maior e, portanto, mais fácil de usar como referência do que uma pessoa, mas sua preocupação primordial era o indivíduo.

Conforme o debate vai se desenrolando, vemos que o Estado perfeito deve ter três componentes: trabalhadores capazes, bravos defensores e líderes sábios. Os três precisam colaborar entre si e sozinho nenhum deles é suficiente. Dos três componentes, porém, o mais crítico é a sábia liderança – sem ela, nenhuma nação pode atingir todo o seu potencial.

Platão também assinala que os três componentes essenciais de uma nação são análogos a três partes da personalidade humana.

Aos trabalhadores correspondem nossas energias e necessidades básicas; nossas emoções e aspirações equivalem aos defensores; e nossa mente, aos líderes. Assim como os líderes sábios devem guiar o Estado, a mente deve orientar a vida do indivíduo.

Mas também é preciso haver equilíbrio, com cada parte da personalidade humana desempenhando seu devido papel e recebendo a recompensa apropriada. Um indivíduo, afinal, não se resume a um cérebro, um coração ou um estômago. Tampouco somos apenas nossos pensamentos, sentimentos ou desejos, e sim todas essas coisas funcionando juntas. Se deixarmos que os pensamentos abafem nossos sentimentos, ou que os desejos sufoquem nossos pensamentos, nossa humanidade deixará de ser plena. Levar uma vida de moderação é dar a cada parte de nós mesmos sua cota justa.

A LINGUAGEM DA ARTE

O equilíbrio da personalidade humana que Platão recomendava está presente no espírito da arte clássica grega, pois foi por meio da arte que os gregos clássicos deram expressão material aos valores intelectuais que tanto prezavam.

O *Discóbolo* de Míron

Um dos exemplos mais famosos da arte clássica grega é a estátua *Discóbolo*, do escultor ateniense Míron. Mais do que simplesmente personificar a busca atlética da excelência, a estátua corporifica a virtude da moderação.

Entre as várias poses que o escultor poderia ter escolhido para representar o arremesso, Míron optou pelo momento entre o giro e a liberação do disco, o instante que resume o que se passou antes e o que ainda está por vir, no qual o atleta está entre o passado e o futuro, totalmente concentrado no presente. Nesse momento exato – fora do tempo mas ainda dentro dele –, o arremessador se torna um só com o disco que segura, seus braços curvados e estendidos fundindo-se com os ombros inclinados para formar um arco que anuncia a trajetória parabólica de seu projétil.

Os que estudam a cinética humana argumentam que um disco não pode ser lançado dessa posição, que um atleta de verdade cairia no chão se tentasse fazer isso. Mas o escultor ignorou as limitações da realidade física para captar um ideal espiritual: o equilíbrio perfeito entre corpo e mente. Um atleta contemporâneo poderia falar de "estado de fluxo" e um arqueiro zen diria que ele e o arco se tornaram uma única coisa, mas a ideia é a mesma, embora tenham sido os gregos os primeiros a concebê-la.

Lamentavelmente, a estátua original de Míron (de mármore ou, mais provavelmente, de bronze) se perdeu. Como a maioria das esculturas originais feitas pelos mestres gregos, foi destruída pelo fanatismo dos primeiros cristãos ou pela ignorância da Idade das Trevas. Portanto, temos de reconstituir a antiga visão do artista por meio das cópias romanas que ainda existem.

Poeticamente falando, é assim mesmo que deve ser, pois a perfeição absoluta está sempre além de nosso alcance, o equilíbrio perfeito sempre nos escapa. Talvez os gregos não pretendessem que buscássemos o meio-termo, mas que evitássemos os extremos, porque, de uma perspectiva prática, perceberam que é muito mais fácil identificar os extremos que o ponto delicado entre eles.

O Trono Ludovisi

Embora não se saiba quem fez essa escultura, ela ainda existe em sua forma original. Não se pode afirmar com certeza se essa obra misteriosa foi ou não um trono, pois é feita de pedra e não tem pernas. Ludovisi é simplesmente o nome de uma família nobre italiana a quem ela pertencia. O que sabemos é que foi utilizado um único bloco de mármore para produzi-la e que ela se assemelha a uma caixa vazia com três lados verticais, cada um com um relevo esculpido no lado exterior.

O painel central mostra uma mulher saindo do que parece ser um poço. A água é sugerida pela túnica molhada grudada em seus seios, pelas dobras onduladas do tecido e pela cabeleira dela, que parece escorrer. Seu rosto está virado para a esquerda e ela olha para cima, na direção de outra mulher. À direita, uma segunda figura feminina está numa posição semelhante. Juntas, elas seguram um pano com o qual vão envolvê-la e secá-la. O que essa cena pretende representar?

A teoria mais aceita é a de que representa o nascimento de Afrodite, a deusa do amor erótico, cujo nome em grego significa "a que nasceu da espuma". Um mito grego diz que ela deslizou pelas ondas numa concha, flutuando até uma ilha, onde mulheres a ajudaram a desembarcar e se tornaram suas primeiras devotas. O pintor renascentista Botticelli pintou essa visão mitológica em seu *Nascimento de Vênus*, e uma pintura romana sobre o mesmo tema foi encontrada nas ruínas de Pompeia.

No par de asas que formam os painéis direito e esquerdo do trono, encontram-se duas figuras femininas sentadas, uma de cada lado. A da direita, despida, toca um instrumento de sopro. A da esquerda, vestindo um traje severo, queima incenso num pedestal. Juntas, complementam simetricamente o painel central. Se considerarmos o ritual erótico do centro como uma preparação para o casamento, as três cenas em conjunto também podem compreender os capítulos da biografia sexual de uma mulher grega da Antiguidade: a virgem solteira, a noiva e a matrona.

A concepção em três partes do Trono Ludovisi apresenta uma visão holística da vida, cujas partes se combinam para formar um todo equilibrado. Isso teria agradado ao filósofo Aristóteles, que declarava que toda boa história deveria ter um princípio, um meio e um fim organicamente unidos.

Como tal, essa ideia também serve de modelo para uma vida baseada no mérito, em que nossos inícios e finais são impregnados de sentido pelo motivo central ao qual dedicamos nossos dias. Esse motivo não precisa ser o casamento, mas deve ser *algo* que escolhemos conscientemente, algo que irá substituir o acaso por um rumo, uma direção vital.

Para nos ajudar a encontrar essa direção, os gregos nos deram uma espécie de bússola, que não aponta para um norte arbitrário, pois é uma bússola humanística que reconhece que cada um de nós tem de encontrar seu próprio caminho. O que ela nos sugere é que evitemos os extremos, para assim podermos encontrar aquele caminho que para nós é de ouro.

A composição equilibrada do Trono Ludovisi aparece em outras formas de arte grega antiga. Até as moedas obedeciam a essa simetria. Não por acaso, os gregos foram o primeiro povo a inventar moedas cunhadas dos dois lados. No seu modo de pensar, as duas faces exigiam desenhos que deviam combinar. Os atenienses foram os primeiros a criar uma moeda com literalmente cara e coroa: o perfil da deusa Atena na frente e, atrás, sua mascote, a sábia coruja.

Esse gosto pela simetria e pelo equilíbrio na arte pode ter sido consequência do humanismo grego. Quando reconheceram, num nível abstrato, que os dois lados do corpo humano são simétricos, os gregos decidiram refazer o mundo à imagem e semelhança do homem e da mulher.

Manter o equilíbrio das coisas era, portanto, uma das máximas não só da ética grega mas também da estética. O que era belo era bom, o que era bom era belo. Como disse certa vez o filósofo Plotino, "nas coisas visíveis e em tudo o mais, o que é belo tem um padrão".

A ARTE DA LINGUAGEM

"Os gregos têm uma palavra para isso", costuma-se dizer, e têm mesmo, pois sua língua era feita sob medida para a perspicácia de seu pensamento. Muitos desses termos foram incorporados à nossa língua, tanto por causa do que os gregos pensavam quanto pelo que falavam – assuntos como história, teatro e psicologia, bem como as palavras que os designam.

As palavras gregas *men* e *de* nos fornecem, como poucas, informações pertinentes sobre a maneira de pensar dos gregos antigos. A melhor tradução para *men* é "por um lado" e para *de*, "por outro lado" – por isso elas funcionam juntas. Portanto, um grego antigo poderia dizer: "Por um lado (*men*), esse homem fala com eloquência, mas por outro lado (*de*) o que ele diz não é verdade." O fato de os gregos antigos terem usado com frequência *men* e *de* é esclarecedor, porque nos mostra que eles enxergavam a realidade não sob um único ponto de vista, mas através de dois, simultaneamente. Viam as coisas de ambos o lados – o que pode explicar por que gostavam tanto de debates – e, consequentemente, consideravam as questões a fundo.

De certa forma, *men* e *de* representam extremos e deixam implícito que a verdade pode estar em algum ponto no meio. Mesmo que não seja assim, a simples atitude de ter ao mesmo tempo na cabeça duas ideias diametralmente opostas já afia a acuidade mental de uma pessoa de forma extraordinária. Da tensão dinâmica entre esses opostos pode surgir uma terceira alternativa, ainda melhor.

Pergunta e resposta, desafio e reação eram a técnica verbal e mental que Sócrates e Platão usavam para descobrir a verdade, "amolando" cuidadosamente as definições das coisas ao opor uma ideia a outra. De modo semelhante, nos julgamentos dos tribunais de Atenas, depois de um veredicto que condenava o réu, costumava-se pedir tanto ao defensor quanto ao acusador que propusessem sentenças alternativas. Se soubesse que o júri tinha a tendência de rejeitar uma pena dura demais, o acusador seria assim induzido a ser mais brando com seu inimigo. Se soubesse que o júri tendia a rejeitar uma pena leve demais, o defensor seria assim induzido a ser mais severo consigo mesmo. E desse modo o júri teria duas sentenças relativamente moderadas para escolher.

Os princípios de oposição e equilíbrio também determinaram o estilo estrutural da literatura grega. Quase toda obra literária era construída a partir de um padrão invisível cujo princípio mais importante era a simetria. Os elementos do início de uma história correspondiam aos do fim por analogia ou contraste, formando uma série de molduras concêntricas em torno de uma "peça central" narrativa.

O mais espantoso é que esses padrões só se tornam visíveis se a obra é examinada sob a lente de um microscópio literário, por isso muitos deles só foram descobertos pelos estudiosos modernos no século XX. Outros permanecem ocultos, aguardando o exame minucioso de futuros especialistas.

Evidentemente, os gregos não criaram tais padrões com a intenção de torná-los obscuros e misteriosos. Eles os inventaram porque desejavam criar belas obras e, segundo a sua mentalidade, o que era belo tinha um padrão. Criar uma obra de arte em imagens ou palavras significava produzir ordem a partir do caos usando o poder da mente. Na língua grega, a palavra *kósmos* significa tanto "ordem" como "beleza". Beleza e ordem, então, eram consideradas sinônimos: o que era belo tinha de ser ordenado e o que era ordenado precisava ser belo. Não é à toa que a noção de ordem subsiste em *cosmos* e a de beleza, em *cosmético*.

O que tudo isso pode oferecer é uma reflexão sobre o valor potencial da ordem em nossas vidas, uma qualidade tão rara nestes tempos frenéticos que às vezes perdemos de vista a sua relevância para nossa felicidade. Criar uma vida bela para nós e aqueles que amamos pode requerer um esforço consciente, maior do que o que já fazemos, para construir uma estrutura na qual o amor e a criatividade possam florescer e sem a qual não tenham condições de prosperar.

Isso não significa que tenhamos de usar frases simétricas ao falar, mas sim que pensemos com clareza e precisão suficientes para definir nossas prioridades. É possível que só comecemos a identificá-las quando tivermos eliminado de nossas vidas os excessos típicos de nossos tempos.

CURVA PERIGOSA ADIANTE

Neste ponto é preciso refutar a falsa ideia de que todos os gregos antigos eram filósofos e de que filosofavam o tempo inteiro. Antes de mais nada, nem todos eram filósofos. Havia vários fazendeiros, pescadores, políticos, e muitos não deviam refletir a fundo a respeito de coisa nenhuma, exceto talvez conseguir pagar suas despesas e, se possível, progredir um pouco na vida. O que nos interessa, na verdade, é certa mentalidade filosófica que enxergava as coisas com mais profundidade do que sua aparência deixava transparecer e se preocupava intensamente em conhecer a verdade interior. Nesse sentido, os gregos antigos, sobretudo os atenienses, eram filósofos de fato.

Eles passavam o tempo todo filosofando? Isso é pouco provável. Nesse caso, em especial, a "prática da moderação" pode confundir nosso raciocínio. Nenhuma nação, nenhum povo que tenha como característica a moderação precisa ser constantemente lembrado de agir de forma moderada. Só os que mostram tendência para o excesso, e que muitas vezes pagaram um preço por isso, têm de ser lembrados – assim como é pouco provável que encontremos uma placa anunciando "Curva Perigosa Adiante" em uma reta interminável da autoestrada. Só se lança mão de avisos como esses quando há perigo à vista. Os gregos eram, e ainda são, um povo apaixonado. Caso contrário, não teriam escrito tragédias retratando a si próprios. Nem entrado em guerra tantas vezes. Nem amado tanto a liberdade. Nem seriam um tema tão interessante de se estudar. Eles não eram filósofos indiferentes, e sim seres humanos como nós.

PRATICAR A MODERAÇÃO

Em termos evolutivos, a emoção surgiu antes do intelecto. Consequentemente, por sermos humanos, não é difícil chegar aos extremos. Se ser moderado significa observar o meio-termo justo, como encontrá-lo? Os gregos nos respondem: primeiro encontre os extremos e então será fácil encontrar o meio-termo. Isso quer dizer que o raciocínio que serve para medir uma parede ou uma folha de papel também pode servir para avaliar o comportamento.

E novamente precisamos fazer um balanço, dessa vez ainda mais pessoal. Pare e reflita: o que você faz de maneira excessiva? Come? Bebe? Trabalha? Em que pontos você exagera, magoando a si próprio e os outros?

Infelizmente, a vida levada aos extremos não é muito fácil de identificar. Quando a estamos vivendo, ficamos tão envolvidos que não temos o distanciamento necessário para ver onde erramos.

Comparada com uma vida de excessos excitantes, a prática da moderação pode parecer terrivelmente chata. Mas não era uma vida de tédio o que os gregos tentavam promover. O que pretendiam era nos advertir de que, se vamos depressa demais numa direção, o preço a pagar pode ser alto. Até mesmo a busca de excelência, avisavam eles, pode se tornar perigosa quando ultrapassa os limites.

A moderação, porém, é contrária à natureza de criaturas emocionais como nós. Em vez do bom senso perseverante, preferimos soluções rápidas. Considere a saúde, por exemplo. Como podemos manter o corpo saudável? Fazendo exercícios e seguindo uma dieta balanceada. Com um esforço constante, a menos que ocorra qualquer acidente, o resultado é um corpo saudável. A receita, no entanto, é muito pouco atraente para nosso apetite psicológico. De que outra maneira, entretanto, a não ser pela moderação, é possível obter algum sucesso a longo prazo? Ainda assim, um livro baseado em princípios tão enfadonhos venderia muito pouco, pois hoje em dia as pessoas são mais obcecadas com a perda rápida de peso do que com a saúde a longo prazo.

A moderação pode não fazê-lo emagrecer, mas pode torná-lo mais saudável. Pode protegê-lo de uma vida de exageros e culpa. Pode não deixar você rico, mas pode lhe dar segurança. Se lida com ações, você deve saber que a forma de investimento mais tradicional que existe é a diversificação – mas também é a mais segura. Diversificar as aplicações significa montar uma carteira equilibrada com base na premissa de que o que vai bem hoje pode não ir tão bem amanhã, e vice-versa. Espalhar suas apostas reduz seus riscos. Como todo investidor experiente sabe, no entanto, para ter lucros maiores é preciso correr mais riscos. Se os gregos antigos tivessem uma bolsa de valores, talvez investissem em algumas ações bem cotadas de vez em quando – afinal, gostavam de se arriscar –, mas também estariam bem conscientes do perigo de perder tudo. Portanto, é preciso agir de maneira moderada em todas as coisas, talvez até com a própria moderação!

MODERAÇÃO × EXCELÊNCIA

A esta altura, é possível que você tenha detectado o que aparentemente é uma flagrante contradição em meus argumentos. Como pode alguém praticar a moderação, perguntaria você, e ao mesmo tempo buscar a excelência? Não seriam, então, contraditórios esses dois princípios, já que buscar a excelência significa levar as coisas aos limites e agir com moderação significa conter-se?

A resposta é sim, porém a questão é mais complicada. É preciso ressaltar que as civilizações podem muitas vezes ser definidas pela coexistência de princípios opostos. Considere a civilização romana: como uma cultura comprometida com a criação de leis tolerou a carnificina do Coliseu? A resposta é que cada um dos atos era uma manifestação de poder. Veja o exemplo dos Estados

Unidos: como é possível entender que uma nação dedicada à busca da felicidade seja tão materialista? A resposta é que cada uma das atitudes é uma manifestação de liberdade. Os conceitos de poder e de liberdade, portanto, tornam condizentes os aparentemente contraditórios aspectos de suas respectivas culturas. E dessa maneira a busca da excelência (o segundo pilar) e a prática da moderação (o terceiro pilar) podem ficar lado a lado no templo da cultura grega. Uma é condizente com a outra graças à natureza humanística do pensamento grego, que considerava a redução de riscos um elemento necessário à realização pessoal.

Sendo assim, os dois princípios, a excelência e a moderação, não são contraditórios: são complementares, na verdade. Pense no automóvel que você dirige. No piso, há o acelerador e o pedal do freio. Um faz você andar mais depressa; o outro diminui a sua velocidade. Mas para ter um carro de verdade você necessita dos dois. Num paralelo com a civilização grega, o pedal do acelerador representa a busca da excelência e o freio, a prática da moderação. Da mesma forma que precisamos dos dois pedais para dirigir um carro, os gregos antigos precisavam dos dois princípios para conduzir sua civilização. E nós também precisamos deles para levar uma vida produtiva.

Você certamente não compraria um automóvel com um motor possante mas que não tivesse freios. Não seria nada seguro. E também não iria querer um carro com freios ótimos mas sem motor. Não teria qualquer graça e não levaria você a lugar nenhum.

Desconfio de que, se os gregos antigos tivessem de escolher entre esses dois veículos, iriam preferir o que não tivesse freios. Sem dúvida seria perigoso, mas também seria um passeio emocionante! Muito melhor do que ficar sentado na garagem e não ir a parte alguma.

No fim das contas, então, a melhor ilustração para a necessidade de moderação não é a contagem de calorias nem o índice Dow Jones, mas os pedais do carro. Um acelerador e bons freios:

a busca da excelência e a prática da moderação. Ambas são indispensáveis para se dirigir com segurança, e seria uma bobagem ignorar a utilidade de cada uma. Mas como saber quando pisar no acelerador e quando pôr o pé no freio? Ou melhor, como se tornar um bom condutor da própria vida? A resposta está no próximo princípio.

CAPÍTULO 4

O quarto pilar: O autoconhecimento

O QUARTO PILAR DA SABEDORIA GREGA é o autoconhecimento. Ele é necessário para se fazer a opção sensata entre a busca da excelência e a prática da moderação. Somente por meio de uma avaliação de nossos pontos fortes e fracos poderemos saber quando é hora de prosseguir ou parar. Por isso, esse princípio foi o segundo a ser gravado no portal do templo de Apolo em Delfos. Ali, para que todos lessem, foram escritas as palavras *Gnóthi seautón*, "Conhece-te a ti mesmo".

O ORÁCULO DE DELFOS

O templo de Delfos, cerca de 120 quilômetros a noroeste de Atenas, se encontra em um dos lugares mais impressionantes de toda a Grécia. Foi construído no sopé de uma grande montanha, no alto de uma encosta que se precipita num desfiladeiro profundo onde se estende um mar de oliveiras.

Lá, no local em que o deus Apolo matou uma serpente monstruosa chamada Píton, ergueu-se um templo para comemorar sua vitória. Como ele era um deus de profecias, a sacerdotisa que morava em seu templo predizia o futuro. Depois de mastigar folhas de louro sagrado e inalar vapores subterrâneos, ela entrava em transe, momento em que o espírito de Apolo tomava seu corpo e falava por ela. Os sacerdotes que a rodeavam transcreviam seus pronunciamentos oraculares e os transmitiam aos solicitantes, que, cheios de devoção, procuravam os conselhos da pitonisa.

Gerações de sacerdotisas se sucederam nessa função sagrada, até que, nos últimos dias do Império Romano, o oráculo profetizou seu próprio fim. Em 390 d.C., o imperador cristão Teodósio ordenou que o templo pagão fosse fechado.

Uma viagem fatídica

Séculos antes de Teodósio, os devotos partiam em peregrinação a Delfos para fazer perguntas ao oráculo. Um desses peregrinos era um homem chamado Édipo, príncipe da casa real de Corinto. Um bêbado certa vez zombara dele e dissera que Édipo não era o filho legítimo do rei. Outros talvez não tivessem dado importância a uma observação como aquela, mas não ele. Ao contrário, a questão de sua identidade envenenou seu espírito, incomodando-o como uma ferida que não cicatriza. Finalmente, quando resolveu levar a pergunta aos pais, o rei e a rainha o tranquilizaram, afirmando que era filho legítimo. Mas a dúvida continuou a consumi-lo e ele afinal decidiu perguntar àquela que era considerada uma fonte de informação incontestável.

No entanto, quando perguntou à sacerdotisa quem eram seus pais verdadeiros, ela fugiu do assunto e lhe deu uma resposta com a qual ele não contava: "Se voltar para casa", disse-lhe a pitonisa, "vai matar seu pai e se casar com sua mãe." Chocado e horrorizado com o que ouvira, Édipo saiu cambaleante do templo e, em vez de seguir de volta para Corinto, foi para a cidade de Tebas, na esperança de assim evitar que se cumprisse a profecia.

Na estrada, encontrou um homem idoso que viajava numa carruagem, acompanhado por um guarda.

– Saia da frente! – gritou o velho.

– Saia você da frente! – respondeu Édipo, zangado, ainda perturbado pelo que ouvira do oráculo.

Mas o velho não lhe deu passagem e, num acesso de raiva, Édipo o atacou, matando-o e também aqueles que o acompanhavam. Depois, retomou seu caminho.

O enigma da Esfinge

Fazia semanas que a Esfinge – um monstro parte serpente, parte águia e parte leão – estava sentada à margem da estrada, vigiando o caminho para Tebas. A cada viajante que surgia, ela propunha um enigma, enunciado com sua voz estridente, batendo as asas, agitando a cauda serpenteante e arreganhando os dentes. Todas as vezes que tentava decifrar o enigma, o viajante errava a resposta e ela o matava.

E então surgiu o jovem Édipo, que acabara de sair de Delfos, a cidade de Apolo, e se postou diante da Esfinge.

– Qual é a criatura – sibilou ela – que de manhã anda de quatro, ao meio-dia com duas pernas e à noite com três? – Então ficou em silêncio, parecendo se preparar para devorá-lo.

Mas Édipo sorriu. Desde criança gostara de resolver charadas.

– Qual é a criatura? – repetiu ele com ar pensativo, quase brincalhão, e depois respondeu, astuto: – É o homem, que engatinha quando bebê, anda com as duas pernas quando adulto e, no fim da vida, já velho, equilibra-se sobre suas duas pernas cansadas e uma bengala!

A Esfinge não precisou declarar que ele acertara. Ao ouvir a resposta, deu um grito esganiçado e se jogou de um penhasco.

Édipo, por sua vez, prosseguiu viagem para Tebas, onde foi recebido pela população como seu salvador por ter derrotado o monstro dos enigmas. Como prova de gratidão, lhe deram em casamento a mão da rainha, que havia ficado viúva recentemente, e ele se tornou seu soberano.

Entretanto, com o passar dos anos, a fome e as epidemias assolaram o reino, como uma sombra que avança lentamente. Desesperado, Édipo apelou para o oráculo de Delfos em busca de orientação. A terra está poluída, disse-lhe a pitonisa, e só ficará limpa outra vez quando o assassino do antigo rei de Tebas for encontrado e punido.

Determinado como nunca a encontrar as respostas, Édipo investigou o crime, sem esmorecer nem quando as outras pessoas, incluindo a própria mulher, imploraram que parasse. Acabou descobrindo fatos que não sabia sobre sua infância, durante a qual havia sido abandonado e depois adotado. O homem que ele matara na entrada da cidade era de fato seu verdadeiro pai e o rei de Tebas. A rainha viúva com quem ele se casou era sua mãe biológica. Assim, a profecia se cumprira. Édipo furou os próprios olhos ao descobrir a horrível verdade e, atormentado, saiu perambulando pelo mundo.

Ele havia respondido prontamente à pergunta da Esfinge. Só não sabia que a resposta era, na verdade, ele próprio. De manhã, havia sido um bebê abandonado, ao meio-dia, um homem andando orgulhoso e, à noite, tornara-se um velho humilhado que se apoiava numa bengala. É mais fácil encontrar a definição precisa de uma palavra do que ler a definição em nossas próprias vidas, ver a abstração em carne e osso – na *nossa* carne e nos *nossos* ossos.

Pobre Édipo, que sabia o que era "homem", mas não conhecia a si mesmo: alguém que podia atacar e matar outra pessoa rapidamente, que não demorava a desvendar os enigmas e que se orgulhava de sua urgência em resolver as coisas, mesmo se isso apressasse sua destruição.

Pobre Édipo que, para corrigir um erro, interrogou os outros a fim de descobrir quem matara o antigo rei de Tebas e acabou sabendo que era ele próprio o criminoso que procurava. Pobre e compulsivo Édipo, que não descansou enquanto não encontrou a resposta que o destruiu, como às vezes somente a verdade pode fazer. Pobre Édipo, o homem que cegou a si mesmo quando enfim conseguiu enxergar.

Muita gente que lê superficialmente a peça *Édipo Rei*, de Sófocles, conclui que Édipo *estava fadado* a esses sofrimentos, que foi vítima de um destino inescapável que se impôs à sua vida. Mas isso não é verdade. Ao predizer os acontecimentos, o oráculo de Apolo não *causava* o futuro, da mesma forma que um meteorologista não cria as condições meteorológicas. O que o oráculo fazia era *prever* o que aconteceria, levando em conta o caráter da pessoa e as circunstâncias em que se encontrava. É dessa interação humanística entre caráter e circunstâncias que vem o nosso destino. Portanto, citando Shakespeare, nosso destino "não está nas estrelas, mas em nós mesmos". Se Édipo se conhecesse tão bem quanto conhecia a definição abstrata do homem, talvez pudesse ter evitado a tragédia. Mas não conhecia a si mesmo e a tragédia se abateu sobre sua vida.

Todos nós percorremos a estrada para Tebas. É claro que não vamos assassinar um velho rei nem nos casar com uma rainha viúva depois de matar um monstro. Mas vamos ter de decidir quem somos, porque a antiga equação ainda se aplica: caráter + circunstâncias = destino. As circunstâncias podem não ser da nossa escolha, mas podemos moldar nosso caráter.

RICO COMO CRESO

Séculos depois de Édipo ter passado por Delfos, a cidade recebeu outros visitantes, que tinham sido enviados numa missão por seu rei, o riquíssimo Creso, da Lídia, soberano da antiga Turquia. Creso queria saber se deveria invadir o território dos persas, seus vizinhos, e assim procurou o conselho do mais reverenciado oráculo da Grécia.

Antes disso, porém, ele próprio recebera um visitante, um sábio ateniense chamado Sólon, que viajava pelo mundo e decidiu fazer uma escala no reino de Creso. O soberano ficou absolutamente encantado por ter um visitante tão distinto e hospedou

Sólon em sua própria casa. Na manhã seguinte, levou-o pessoalmente para conhecer os depósitos do tesouro real. Depois de exibir todas as suas riquezas, Creso lhe perguntou:

– Quem você consideraria o homem mais afortunado deste mundo?

Sólon respondeu citando o nome de um grego obscuro que formara uma família notável antes de morrer numa batalha.

Desconcertado, Creso insistiu e perguntou a Sólon quem seria seu segundo indicado. Ele então mencionou dois outros gregos obscuros já falecidos que tinham sido homenageados por terem realizado um ato de devoção e respeito. Completamente frustrado, Creso – presumindo que ficaria pelo menos em segundo lugar – exigiu uma explicação imediata. Sólon então explicou pacientemente que não se deve considerar ninguém tão afortunado até a pessoa estar morta, pois a boa sorte de hoje pode facilmente se transformar em má sorte amanhã. Por ainda estar vivo, então, Creso não poderia integrar a maior lista de todos os tempos dos homens felizes. E a história depois provou que Sólon tinha razão.

Quando Creso mais tarde recorreu ao oráculo de Delfos e perguntou se deveria invadir seus vizinhos, ele respondeu: "Se você cruzar o rio que separa seus dois reinos, um poderoso império cairá." Exultante com a notícia, ele reuniu um exército e cruzou a fronteira que dividia a Lídia da Pérsia. Claro que o oráculo acertou. Um poderoso império de fato caiu, só que foi *o de Creso*!

Como Édipo, Creso agiu baseado numa suposição errada. O oráculo disse a Édipo que não voltasse para casa. Ele supôs que o oráculo estivesse se referindo a Corinto, sem saber que na verdade nascera em Tebas. Creso supôs que o império que cairia seria o do seu inimigo, sem pensar que poderia ser o seu. Ambos tiraram conclusões precipitadas e pagaram um preço alto por isso. Édipo foi exilado e Creso se tornou prisioneiro de guerra. Ambos confiaram em seu ponto forte e negligenciaram sua fraqueza: a do julgamento precipitado.

Claro que não podemos ser duros demais com Creso e Édipo, que, afinal de contas, eram apenas humanos e cometeram erros que qualquer um de nós poderia ter cometido se estivesse no lugar deles. E é esta a questão: cometer erros como esses faz parte da condição humana. Ser humano é ser imperfeito, é ter falhas. Se reconhecemos esse fato com toda a humildade, ainda podemos ter a oportunidade de não cometer erros muito graves que poderiam alterar tragicamente a nossa vida.

O HOMEM MAIS SÁBIO DO MUNDO

Sócrates costumava contar uma história às pessoas que lhe perguntavam como ele se tornara filósofo. Segundo ele, um amigo seu certa vez foi a Delfos e perguntou ao oráculo se existia alguém mais sábio do que Sócrates. O oráculo simplesmente respondeu que não. Quando seu amigo lhe contou isso, ele não acreditou.

– Como posso ser o homem mais sábio da Terra? Eu não sei nada – disse ele, espantado.

E, para provar que o oráculo estava errado, Sócrates decidiu fazer perguntas a algumas pessoas até encontrar alguém que soubesse mais que ele. O problema é que, ao interrogá-las, logo descobriu que realmente sabiam muito pouco. Elas podiam *achar* que sabiam, mas, depois de certas perguntas, logo ficava claro que seu raciocínio era incoerente e elas nem sequer compreendiam o significado das palavras que usavam para expor suas opiniões básicas.

O resultado dessa pesquisa foi Sócrates ser obrigado a concluir que era de fato o homem mais sábio do mundo, não porque soubesse muito, mas por ter noção de que sabia pouco. Afinal, só temos o direito de nos considerarmos sábios quando reconhecemos a dimensão de nossa ignorância e, a partir daí, saímos em busca da verdade, pois só admitindo quão pouco sabemos é que podemos começar a evoluir com sabedoria.

A Bíblia nos diz que "o temor do Senhor é o princípio da sabedoria". Para Sócrates, o começo da sabedoria era a franca admissão da própria ignorância, seguida pela determinação de fazer algo a respeito.

A ALEGORIA DA CAVERNA

Platão, o discípulo de Sócrates, falava de uma caverna onde os homens viviam desde a infância, acorrentados, de modo que tudo o que podiam ver era uma parede interna. Para eles, as sombras que se moviam nessa parede eram a realidade.

Mal sabiam que todas aquelas sombras eram criadas pelos guardas que os mantinham prisioneiros. Tampouco sabiam que estes estavam diante de uma fogueira, o que fazia suas sombras se projetarem nas paredes.

Vendo as sombras todos os dias de suas vidas, os prisioneiros se acostumaram com elas e aprenderam seus nomes. Apreciavam e valorizavam seus conhecimentos sobre as sombras e o chamavam de sabedoria. E eram recompensados pelos guardas por aquilo que aprendiam.

Então, certo dia, um prisioneiro escapou. Com força e determinação, subiu rastejando pelo chão íngreme da caverna até a saída. Seus olhos, acostumados somente à escuridão e a fracos lampejos de claridade, se incomodaram com a luz forte. Mas ele se forçou a sair, a princípio voltando os olhos para o chão a fim de evitar a claridade que o cegava. Olhou então para as sombras naturais, depois para as formas iluminadas e, finalmente, para o céu.

Logo descobriu que tudo aquilo que aprendera a vida inteira dentro da caverna era uma mentira. Agora sabia a diferença entre sombra e verdade e segurava a realidade nas próprias mãos sob a luz quente do sol.

Conforme o tempo ia passando, ele ansiava por partilhar seus novos conhecimentos com os antigos companheiros, para libertá-los também do cativeiro das trevas, das sombras que acreditavam serem verdadeiras, dos senhores que os tinham iludido. Mas para isso ele precisou voltar para dentro da caverna.

Tropeçou ao entrar, pois seus olhos não estavam mais acostumados com a escuridão. Ao descer pelo chão inclinado da caverna, eles foram se adaptando ao ambiente escuro e o homem conseguiu chegar ao lugar onde estivera preso. Lá, fez de tudo para libertar seus amigos das correntes e insistiu em que o acompanhassem na fuga para a liberdade.

Entretanto, enquanto tentava soltá-los, eles o ridicularizavam por não aceitar o que todos sabiam com certeza ser a verdade. Até o chamaram de louco. Ao mesmo tempo que ele fazia força para arrastá-los para fora da caverna, os homens resistiam. Ele não desistiu, então alguns o atacaram – queriam matá-lo.

Todos nós vivemos por vontade própria numa caverna como essa. É algo difícil, quase impossível de aceitar, porque nunca conhecemos outra realidade na vida. Nosso tempo foi passado aprendendo ilusões e nossos mestres nos recompensaram bem. Nossa existência foi facilitada pelas mentiras que aceitamos.

Mas será que na vida basta ser um prisioneiro satisfeito? E se optarmos pela liberdade, de que modo vamos romper nossas correntes? E, uma vez livres, como vamos encontrar a luz? Cada um de nós terá um objetivo diferente, embora a subida seja a mesma: siga o caminho ascendente rumo ao sol. Mesmo na noite mais escura, ele está à nossa espera.

A CAVERNA DOS CICLOPES

Cavernas eram uma coisa que o herói Ulisses conhecia por experiência própria. Não eram uma alegoria, como para Platão, mas uma perigosa realidade. Homero narra a história no nono capítulo da *Odisseia*.

Conta o poeta que Ulisses estava a caminho de casa vindo de Troia quando ele e seus homens depararam com uma ilha aparentemente deserta. Aventurando-se por seu interior, encontraram uma caverna onde havia um estoque de queijo e cercas para cabras e carneiros, então concluíram que era a morada de um pastor. Quando este voltou com seus rebanhos, porém, Ulisses e seus homens ficaram apavorados: o pastor era um horrendo gigante com um único olho protuberante no meio da testa.

Ao deparar com os hóspedes indesejados, o gigante rolou uma imensa pedra para a entrada da caverna, fechando-a. Em seguida, perguntou quem eram eles, estendeu a mão, agarrou dois dos homens e arremessou-os no chão. E então os devorou.

– Qual é o seu nome? – perguntou o gigante, dirigindo-se a Ulisses.

Homem de raciocínio rápido, ele pensou depressa e respondeu:

– Eu? Meu nome é Ninguém. Aliás, quer tomar um pouco deste ótimo vinho grego que eu trouxe?

– Obrigado – disse o gigante, engolindo de uma só vez todo o odre. Lambeu os beiços e acrescentou: – Vou lhe retribuir o favor devorando-o por último.

O vinho, muito inebriante, fez efeito e Ulisses resolveu agir. Com o gigante embriagado estendido no chão, procurou uma acha no fundo da caverna. Afiou sua ponta e a colocou sobre o fogo até ela reluzir, esbranquiçada. Apontou a estaca verticalmente para o único olho do gigante e, com a ajuda de seus homens, enfiou-a e girou-a.

Os gritos do ciclope ao acordar ecoaram pelas paredes da caverna, enquanto ele, sem enxergar, tateava à procura de seus agressores, que já estavam escondidos. A gritaria logo atraiu a atenção dos outros gigantes que moravam na ilha. Curiosos, seguiram para o ponto de onde vinha o som e chegaram à entrada bloqueada da caverna.

– Você está bem? – perguntaram. – Alguém atacou você?

– Ninguém me atacou! – berrou o ciclope.

– Bem, se ninguém o atacou, não precisa de nossa ajuda – concluíram e retornaram ao lugar de onde tinham vindo.

Ulisses cegara o ciclope, evitando que o gigante ficasse em vantagem, mas ele e seus homens ainda precisavam descobrir uma forma de escapar. Afinal, a entrada da caverna ainda estava bloqueada pela imensa pedra, que somente um ser enorme como aquele conseguiria deslocar. Sabendo que o ciclope deveria levar seu rebanho para pastar na manhã seguinte, Ulisses disse aos homens que se pendurassem na barriga dos carneiros quando os animais saíssem. Ao amanhecer, quando o gigante liberou o rebanho, bateu com as mãos no dorso dos bichos, pensando que Ulisses e os homens poderiam ter montado neles, sem desconfiar de que, na verdade, eles fugiam agarrados ao ventre dos animais.

Ao chegarem à praia, Ulisses e seus companheiros embarcaram nos navios e soltaram as amarras que os prendiam. Mas ele não conseguiu resistir à vontade de zombar de quem ameaçara devorá-lo e gritou seu nome e identidade verdadeiros.

– Diga *esse* nome a todos que lhe perguntarem quem o cegou – gritou ele.

Esse gesto acabou se revelando um erro quase fatal. Ao escutar sua voz, o gigante arremessou pedras enormes na direção de onde viera o som, pedras que felizmente caíram no mar, quase acertando os navios do herói.

Pode-se alegar que Ulisses ter dito que seu nome era Ninguém não passou de um truque. Mas não foi só isso. Quando estava preso na escuridão da caverna, ele de fato era Ninguém. Só ao escapar da escuridão para a luz é que se tornou Alguém outra vez. O grito que deu mais tarde em seu navio, enquanto se afastava, vitorioso, da ilha do ciclope – o grito com que proclamou orgulhosamente sua linhagem e sua terra natal, "Meu nome é Ulisses, filho de Laerte, e a ilha de Ítaca é a minha pátria!" – não era um simples gesto de arrogância, mas comprovava sua volta à existência. Quando teve mais medo, Ulisses havia procurado dentro de si um meio de se libertar, e foi dessa força interna que resgatou sua identidade.

Todos nós fomos concebidos na escuridão, e para nascer precisamos lutar pela luz. Para cada um de nós, existem dois nascimentos: nossa entrada no mundo físico e outra no mundo espiritual. Nosso primeiro nascimento nos concede a vida mesmo que não a desejemos. Mas nosso segundo nascimento tem de ser buscado intencionalmente.

PONTOS FORTES × PONTOS FRACOS

Para chegarmos ao autoconhecimento, é indispensável identificar nossos pontos fortes e nossas fraquezas. Só então será possível avaliarmos quem verdadeiramente somos e quem podemos nos tornar. Da identificação dos pontos fortes pode surgir a decisão de se superar. Do reconhecimento de nossas fraquezas pode vir o bom senso de evitar os extremos.

Quem dera fosse simples assim! Os gregos antigos eram perspicazes e viam que nossas virtudes e fraquezas muitas vezes são os dois lados da mesma moeda: em excesso, um ponto forte pode se tornar uma fraqueza. Se Édipo, por exemplo, não fosse intelectualmente brilhante, nunca teria solucionado o enigma da Esfinge, nem depois se casado com a própria mãe. Se não tivesse sido um governante compassivo, nunca teria tentado salvar seus súditos das epidemias que os assolavam, procurando o assassino do rei, que afinal descobriu ser ele mesmo.

Inteligência e compaixão: duas qualidades louváveis que podem se tornar falhas fatais. Entretanto, os gregos antigos mais do que depressa teriam acrescentado: como não *querer* tais qualidades? O que seria de nós sem elas? Este é o paradoxo do homem: nossas virtudes são as próprias sementes de nossos vícios.

OS TRABALHOS DE HÉRCULES

Como o herói Aquiles, Hércules era um semideus, filho de Zeus com uma mortal chamada Alcmena. Como Aquiles, era mais forte do que qualquer mortal porque o sangue de um deus fluía em suas veias, porém era mais fraco do que um deus porque teria de morrer um dia. Era cidadão de lugar nenhum, um eterno nômade vagando pela paisagem psíquica. Talvez por essa razão sua personalidade tenha fascinado tanto os gregos antigos, que se identificavam com ele não só pelas qualidades humanas que demonstrava mas também por suas próprias aspirações divinas.

Reza a lenda que, num acesso de loucura, Hércules matou a mulher e os três filhos. A loucura fora induzida pela esposa de Zeus, Hera, por causa do ciúme que tinha de Alcmena, amante dele.

Para expiar seu pecado, Hércules viajou para Delfos, onde lhe foi dito que, como penitência, deveria servir ao rei Eristeu como escravo. O soberano exigiu que Hércules realizasse uma série de missões impossíveis, que ficaram conhecidas como Os Doze Trabalhos.

O primeiro trabalho era matar o feroz Leão da Nemeia, em cuja pele nenhuma arma penetrava. O segundo era acabar com a Hidra de Lerna, um monstro com várias cabeças de serpente que cresciam de novo quando cortadas. O terceiro era caçar a veloz Corça de Cerineia, que tinha cascos de bronze e chifres de ouro. A quarta missão era capturar o temível Javali de Erimanto. A quinta era limpar o esterco que enchia as Cavalariças do rei Áugias. O sexto trabalho era matar as Aves do lago Estínfalo, cujas penas caíam do céu como facas. O sétimo era domar o Touro de Creta. O oitavo era prender os Cavalos de Diomedes, que comiam carne humana. O nono era tirar o cinto de castidade de Hipólita, rainha das amazonas, guerreiras que detestavam os homens. O décimo era roubar os Bois de Gerião, um monstro de três corpos. O décimo primeiro era colher os Pomos de Ouro das Hespérides, que cresciam numa árvore mágica no fim do mundo. E o décimo segundo – a última e mais perigosa das missões – era descer ao reino dos mortos e trazer de lá Cérbero, o cão de três cabeças que guardava os portões do Hades.

Hércules cumpriu todas essas missões. É natural que os gregos o admirassem não só por sua força, seu vigor e sua engenhosidade, mas também por sua determinação de seguir em frente e completar todas as tarefas, por mais impossíveis que parecessem. Sua história foi a da humanidade, enfrentando um obstáculo após outro sem jamais desistir. Essa determinação é que constituiu sua maior força, assim como a nossa pode ser constituída ao nos dedicarmos às missões e aos desafios com que deparamos na vida, que em certos dias nos parecem tão difíceis quanto os de Hércules devem ter parecido a ele. Talvez não seja preciso enfrentar nenhum Leão da Nemeia, mas o heroísmo do dia a dia vem em proporções menores porém não menos heroicas.

HERÓIS EM PEDRA

Hércules foi também uma das figuras mais retratadas pela arte grega. Suas façanhas estão ilustradas em vasos e seu físico admirável está representado na escultura. Sua imagem colossal nos lembra do potencial de força que todos possuímos, uma força que poderíamos empregar se recorrêssemos a ela. Conhecermos a nós mesmos não significa apenas saber quem somos, mas principalmente em quem podemos nos transformar.

Nossa capacidade de superar obstáculos foi representada por um antigo artista grego desconhecido numa reprodução em bronze de um lutador de boxe. Ao contrário do friamente objetivo *Discóbolo*, cujo corpo está incólume, o *Lutador de boxe* personifica um esporte bastante bruto, sobretudo da maneira como era praticado na era helenística, em que as luvas eram revestidas de chumbo. O lutador tem o corpo curvado, cansado, os ombros caídos, a cabeça virada para um lado como se não demonstrasse qualquer reação ao alarido do povo. O rosto ensanguentado traz os sinais de sua profissão: orelhas deformadas, nariz quebrado e cicatrizes. Trata-se de um veterano envelhecido, lutando apesar da dor e do corpo desfigurado, atendendo mais uma vez ao chamado para a luta porque é isso que a vida exige dele.

O *Discóbolo* pertence a uma época em que se acreditava plenamente na vitória e o *Lutador de boxe*, a uma geração posterior que pagara caro por sua sabedoria. O *Lutador de boxe* e outras estátuas do período pós-clássico revelam que os artistas gregos decididamente não tinham abandonado o ideal humanístico, a busca do que significa ser humano. Ao reafirmarem, numa atitude audaciosa, a procura do autoconhecimento, eles continuaram a expandir a definição do espírito humano.

Assim como o lutador abatido, nós também temos que continuar lutando, pois a busca do autoconhecimento nunca será uma empreitada fácil.

A BUSCA DO AUTOCONHECIMENTO

Os viajantes que chegavam a Delfos apresentavam suas perguntas ao oráculo de Apolo. A maioria desejava saber o que o futuro lhe reservava. Se tivessem prestado mais atenção nas palavras escritas acima da porta do templo, "Conhece-te a ti mesmo", teriam obtido suas respostas gratuitamente. Conhecer a si mesmo é a melhor maneira de saber o próprio futuro. São nossas forças e fraquezas relativas que profetizam com maior precisão o nosso futuro. Consequentemente, é para o nosso íntimo que devemos dirigir nossas perguntas. O destino não é necessariamente algo que nos é imposto de fora para dentro, mas antes algo que emana de dentro de nós.

Quando alcançamos o autoconhecimento, ganhamos a capacidade de saber quando avançar (a busca da excelência) e quando recuar (a prática da moderação). Ele nos informa quais são nossos limites. O piloto de carros de corrida, o piloto de testes, o mergulhador e o astronauta, todos precisam conhecer seus limites se quiserem sobreviver. O mesmo vale para nós diante dos desafios cotidianos. Assim como é importante saber o que é autoconhecimento segundo a perspectiva dos gregos, é crucial saber o que não é.

Não é uma espécie de psicoterapia que explora nossa história pessoal passada procurando episódios que afetaram negativamente a nossa psique. Os gregos antigos certamente prenunciaram a psicoterapia moderna. No início da *Ilíada*, a mãe-deusa de Aquiles, Tétis, sai das águas em Troia para perguntar ao filho o que o perturba, apesar de já o saber. Ela percebe que ele só vai ter paz se desabafar com ela, colocando para fora o que o aflige. Entretanto, a busca de autoconhecimento não é realmente isso. Não tem a ver com procurar as farpas do passado. O autoconhecimento está relacionado à investigação das características mais gerais da personalidade que revelam indícios do comportamento futuro e de futuras escolhas. Se Aquiles tivesse compreendido o que o estimulava, por exemplo, talvez sua vida não tivesse acabado em tragédia.

Portanto, a busca do autoconhecimento não envolve psicoterapia. Nem é uma espécie de autoajuda superficial, uma abordagem mais do que comum dos problemas diários que enfrentamos hoje. Ela é, ao mesmo tempo, mais profunda e mais ampla, já que não se refere a situações no presente mas examina toda a gama de possíveis interações entre o tipo de pessoa que somos e as diferentes situações que podemos enfrentar. Não nos oferece um curativo superficial para cobrir nossas feridas, mas, em primeiro lugar, pergunta como e por que nos machucamos. Aconselha-nos a ter a coragem de pôr o dedo em nossas forças e fraquezas e encontrar dentro de nós os meios de nos curarmos, admitindo livremente nossa própria ignorância enquanto buscamos a iluminação.

CAPÍTULO 5

O quinto pilar: O racionalismo

O QUINTO PILAR DA SABEDORIA GREGA é o racionalismo, o emprego da razão. Diferentemente da racionalização, que utiliza a razão para explicar o comportamento, o racionalismo emprega a lógica inflexível para descobrir a verdade. Para os gregos antigos, o racionalismo era o meio primordial de se chegar ao autoconhecimento. Em vez de esperar as luzes da revelação divina, os gregos se voltaram para algo mais próximo deles: o poder da inteligência humana.

O NASCIMENTO DE ATENA

Muito tempo antes de Atenas ter esse nome, dois deuses competiam pela devoção de seus cidadãos. O primeiro era Poseidon, o deus do mar, que fez surgir uma nascente de água no topo da Acrópole. A água representava o domínio do mar, que ele prometeu conceder ao povo em troca da sua veneração. A outra divindade era Atena, a deusa da sabedoria. O presente que ela prometeu foi a oliveira, que fez brotar miraculosamente do solo rochoso da Acrópole.

O povo preferiu o presente da deusa e deu à cidade o nome de Atenas em homenagem a ela. Posteriormente, a vitória de Atena sobre Poseidon seria celebrada em escultura no frontão oeste do Partenon, o grande templo da deusa.

Mas por que o povo escolheu a modesta oliveira e não o poderio marítimo? A resposta é que a árvore não era nada modesta. Os gregos viram nela uma importante fonte de alimentação, como é considerada até hoje no mundo mediterrâneo, seja pelo consumo da azeitona ou do azeite de oliva. Na Grécia antiga, o azeite era usado não apenas no preparo dos alimentos, mas como agente de limpeza e emoliente para a pele. Os atletas gregos, por exemplo, friccionavam o corpo com azeite depois de fazer exercícios e assim removiam a sujeira e o suor da pele. Alguns pensadores chegam a considerar a oliveira um símbolo da personalidade grega: robusta e resistente, porque é capaz de criar raízes e florescer mesmo num solo pobre, e individualista, porque não há dois troncos da árvore exatamente iguais.

A maior virtude dela, porém, e a razão por que Atena a escolheu como presente era seu valor como fonte de combustível. Depois da madeira, era o combustível mais comum na região do antigo Mediterrâneo. O óleo de oliva enchia os lampiões e iluminava as ruas da Grécia. E aí é que estava a sua relação com Atena. O óleo incandescente produzia a luz que expulsava as trevas, assim como a inteligência acabava com a escuridão da ignorância.

Para homenagear a deusa, os atenienses ergueram templos em seu nome e gravaram seu retrato em moedas de prata. Em todas as moedas, seu elmo – ela defendia a cidade em tempos de guerra – era decorado com folhas de oliveira prateadas. E, no outro lado, havia um ramo de oliveira logo acima do ombro da sábia e velha coruja, o animal de estimação de Atena.

A maior homenagem que a cidade prestou a ela, em especial durante o século V a.C., foi ter se tornado uma cidade de luzes, a sede da Era de Ouro da Grécia, iluminada pela energia intelectual.

Mas quem era Atena? Segundo um dos mitos, ela é filha de Zeus, o rei dos deuses, e de Métis, uma deusa cujo nome significa discernimento, perspicácia. Reza a lenda que Zeus engravidou

Métis, mas, temendo os filhos que ela pudesse ter, engoliu-a. Depois, sentiu uma terrível dor de cabeça, tão forte que seu crânio literalmente teve de ser partido com um machado para aliviar a pressão! De dentro dele, surgiu a figura de Atena, armada para a guerra. Sua origem, portanto, foi inteiramente cerebral.

A sabedoria que Atena personificava, contudo, não era a conhecida no Oriente Médio ou na Bíblia, isto é, a forma reverenciada de uma antiga tradição, mas a capacidade de aplicar o poder da inteligência crítica para solucionar problemas. Por isso, talvez seja mais adequado considerar Atena a deusa da inteligência do que da sabedoria. Ela resolvia problemas e representava uma característica nitidamente humana. Entre seus favoritos estava Ulisses, o herói cuja mente ágil enganou o ciclope e cuja astúcia concebeu o cavalo de madeira que levaria à queda de Troia. Diz-se que Atena amava tanto o homem que lhe soprou vida quando ele foi criado por Prometeu a partir da mistura de barro e água.

A TRAMA DE PENÉLOPE

Penélope, a mulher de Ulisses, era tão astuta quanto ele. Durante os longos anos que se sucederam à Guerra de Troia, ela nunca perdeu a esperança de que algum dia seu marido guerreiro voltaria. Os nobres do reino, porém, estavam ansiosos para tomar o lugar de Ulisses e haviam se instalado em seu palácio com o objetivo de pressionar Penélope a escolher um deles como seu novo marido e futuro rei de Ítaca.

Para mantê-los a distância, Penélope disse que não poderia pensar em casamento enquanto não terminasse de tecer uma mortalha para seu sogro idoso. Os pretendentes respeitosamente aceitaram a determinação, presumindo que a tarefa não levaria muito tempo. No entanto, ela passou três anos inteiros se dedicando a isso. Por fim, no quarto ano, uma de suas criadas revelou o segredo: o que Penélope tecia durante o dia, desmanchava à noite. Os pretendentes então a pressionaram a tomar uma atitude, mas ela já ganhara três anos, o suficiente para que o marido, cujo navio naufragara, retornasse sua viagem de volta para casa.

Quando Ulisses finalmente chegou a Ítaca, soube que teria de enfrentar os pretendentes hostis numa batalha, já que todos o queriam morto. O problema era que ele estava em desvantagem. Para acompanhá-lo havia apenas seu filho, ainda muito jovem, e um ou dois leais criadores de porcos. Seus adversários, porém, contavam com 118 nobres bem armados. A solução – ideia dada por Atena – seria ele voltar para casa disfarçado de velho mendigo, errante e sem lar, exatamente o tipo de pessoa que ninguém suspeitaria ser o antigo rei. O disfarce permitiria que Ulisses distinguisse quem ainda lhe era leal de quem deixara de ser, incluindo a própria Penélope. Afinal, 20 anos tinham se passado desde que um Ulisses muito mais jovem partira para Troia. Nesse intervalo, ele se perguntava se sua mulher teria agido como a casta Ártemis ou como a sensual Afrodite. Ele iria observar e descobrir.

Assim que teve certeza de que Penélope havia sido *de fato* uma esposa fiel, Ulisses armou uma cilada para os pretendentes, matando-os. Ela, por sua vez, tinha suas dúvidas sobre o homem que agora alegava ser seu marido desaparecido, afinal ele também podia ser um interesseiro e não o Ulisses com quem se casara. Assim, ela também decidiu recorrer a um ardil para descobrir a verdade.

– Seja bem-vindo, querido – disse ela. – Vou mandar a criada trazer nossa cama aqui para fora, neste pátio, e poderemos dormir sob as estrelas.

– Espere! – exclamou Ulisses. – O que quer dizer com "trazer a cama aqui para fora"? Nossa cama foi feita do tronco de uma oliveira que estava enraizada no solo, e eu mesmo esculpi os pés dela. Era o símbolo do vínculo do nosso casamento, que pretendíamos que fosse eterno. Como você *ousou* cortá-la?!

Era tudo o que Penélope precisava ouvir. Só eles sabiam esse segredo, ninguém mais tinha conhecimento do fato. Aquele estranho era realmente seu amado Ulisses. E, com essa declaração, os dois se abraçaram e foram para a cama expressar o amor que lhes tinha sido negado por tanto tempo. Para tornar seu amor ainda mais completo, Atena chegou a deter a aurora para prolongar aquela noite. Ambos haviam sobrevivido àqueles anos graças à sua inteligência inata e, com isso, tinham superado as adversidades.

O SOMBRIO LABIRINTO

Outra antiga história de amor e razão aconteceu em Creta, a maior das ilhas gregas.

Minos, o rei mais temido daquele lugar, começou a ter problemas quando sua mulher, Pasífae, se apaixonou por outro. O objeto da paixão dela, no entanto, não era outro homem, e sim um touro robusto. Com a intenção de atrair o animal para satisfazer sua luxúria, ela pediu a ajuda de Dédalo, o mestre artesão do palácio. Apesar de recear as consequências daquela paixão que contrariava as leis da natureza, Dédalo obedeceu e inventou um meio para que ela consumasse seu desejo. Com madeira e couro, criou a réplica de uma vaca em cujo interior Pasífae se escondeu. Assim, mulher e touro acasalaram, e a rainha engravidou e deu à luz. O filho que nasceu, porém, não era uma criança comum: tinha o corpo de um menino e a cabeça de um novilho.

Quando Minos o viu ficou horrorizado, mas não se atreveu a sacrificar a criatura, temendo que pudesse representar algum tipo de presságio dos deuses. Deixou-o viver, mas determinou que fosse escondido para que ninguém o visse. Chamou Dédalo e ordenou que ele construísse uma prisão de onde ninguém jamais conseguisse escapar. Porém essa prisão não deveria ter nem trancas nem grades.

Dédalo cumpriu as instruções do rei projetando um engenhoso labirinto. O desenho de seus corredores era tão complexo que, uma vez dentro dele, nenhum homem conseguiria encontrar seu caminho de volta e inevitavelmente seria atraído para o centro.

O lugar era o Labirinto e o homem-touro, que cresceu e se tornou adulto, foi chamado de Minotauro, uma combinação do nome de Minos e da palavra grega para "touro".

O rei tinha outros filhos, humanos, entre os quais um belo menino. Quando ele cresceu e virou um rapaz, foi enviado numa missão ao continente, à cidade de Atenas. Lá, porém, ele acabou sendo morto. Alguns atenienses disseram que a morte fora acidental; outros afirmaram que se tratava de um assassinato deliberado.

Minos acreditou no pior e resolveu se vingar dos atenienses. Por ser o governante de um império marítimo, tinha poder suficiente para isso. Ele decretou que todos os anos sete rapazes e sete moças – os mais belos da juventude ateniense – fossem enviados num navio à cidade cretense de Cnossos. Lá, seriam conduzidos à entrada do labirinto. Lentamente, os meandros do lugar os levariam ao centro, onde o Minotauro e a morte os esperavam.

Durante muitos anos, esse ritual fatídico se repetiu. Mas, num determinado ano, um príncipe de Atenas chamado Teseu decidiu acabar com as execuções. Implorou ao pai que o deixasse fazer parte do grupo de jovens escolhidos, pois acreditava ser corajoso e forte o bastante para matar o monstro e assim libertar seu povo daquela sentença de morte. O pai finalmente concordou e autorizou a ida do filho.

Antes de os reféns atenienses serem conduzidos ao labirinto, era costume em Creta apresentá-los a Minos, que lhes explicava sobre o crime hediondo para o qual suas vidas serviriam de expiação.

No dia em que Teseu foi levado à sala do trono, a linda filha de Minos, Ariadne, estava presente. Quando os olhos dela deram com a beleza divina de Teseu, a moça se apaixonou por ele no mesmo instante. Mas ela sabia que ele iria morrer quando fosse para o Labirinto.

Lembrando-se de que Dédalo projetara o labirinto, Ariadne procurou-o suplicando compaixão e conselhos para salvar a vida do rapaz. O inventor sentiu pena da jovem princesa, mas teve medo do que pudesse acontecer caso o rei Minos soubesse que ele ajudara um refém.

– Ariadne, se o rapaz que você ama é mesmo um herói, ele conseguirá matar o monstro. O destino dirá. Para o caso de ele ser bem-sucedido, vou lhe ensinar como pode salvar sua vida, pois mesmo depois de matar o monstro, ele estará condenado a morrer prisioneiro do labirinto. Pegue um novelo de linha e entregue-o às escondidas a seu amado. Sem que ninguém mais ouça, diga-lhe que, ao entrar, amarre a ponta da linha na porta do labirinto e vá desenrolando o fio aos poucos, à medida que for caminhando no escuro. Se matar o monstro, poderá então se guiar pelo fio e voltar ao ponto de onde partiu. Só assim ele estará livre.

Ariadne seguiu os conselhos de Dédalo e deu o novelo ao príncipe, explicando o que ele deveria fazer.

E Teseu fez exatamente como ela o instruiu. Assim que entrou no labirinto, amarrou a linha e a soltou devagar à medida que avançava pelos corredores até onde o Minotauro esperava.

Encontraram-se na escuridão. Nem Teseu nem o monstro sabiam como o outro era, apenas sabiam que se tratava de um inimigo forte que precisava ser abatido. O príncipe agarrou o que lhe pareceu serem os chifres da fera e os torceu, levando seus músculos ao limite, tentando quebrar o pescoço de seu adversário. E o Minotauro reagia o tempo todo, querendo ferir seu oponente. Mugidos e respiração arquejante ecoavam pelo labirinto. Então, após um estalo e o gemido derradeiro, a luta acabou e o monstro caiu morto.

De quatro no chão, Teseu encontrou o novelo, se levantou e, segurando o fio, refez seu percurso pelos corredores escuros junto com seus companheiros. Ao chegar à entrada, Ariadne o esperava pedindo aos deuses que ele voltasse em segurança.

Guiando o grupo de atenienses e levando Ariadne pela mão, Teseu encontrou seu navio e zarpou para Atenas. Quando as notícias da fuga dos jovens e da morte do Minotauro chegaram aos ouvidos de Minos, o rei ficou enfurecido e gritou ordens para que levassem Dédalo à sua presença, certo de que somente o homem que projetara o labirinto poderia ter contado seu segredo a outros. Assim, Dédalo e seu filho Ícaro foram presos. Só depois Minos descobriu que sua filha também partira. Mas era tarde demais. O navio já ia longe com Ariadne e seu amado.

Depois que o Minotauro foi morto, o Labirinto não contava mais com nenhum monstro e o navio que levava Teseu e Ariadne partiu pelo mar, não houve mais caminhos emaranhados para decifrar, nem monstros para exterminar e nenhum triunfo sobre a escuridão para ser comemorado?

Observe a engenhosidade do projeto original de Dédalo. Entrar no labirinto é fácil, todos podem encontrar o caminho. O difícil é sair. Faz parte da natureza dos labirintos nos levar a seu centro, como a própria vida, que nos atrai – se deixarmos – sempre para dentro. E, por fim, depois que o labirinto da vida nos impôs sua vontade, encontramos o monstro.

Quem é então essa criatura, metade humana, metade animal? Quem é, afinal, senão nós mesmos? Nesse encontro fatal, precisamos reunir toda a nossa coragem, todas as forças de nosso ser, enquanto o homem luta com a criatura para ver quem vai triunfar.

Não há dúvida de que podemos nos recusar a lutar e assim nos condenar a perambular eternamente por caminhos que levam a lugar nenhum. Entretanto, se a vida é clemente, há de nos conduzir ao coração do labirinto e nos dar a oportunidade de ser corajosos.

Para escapar, entretanto, não basta ter coragem, nem confiança ou audácia. Depois de derrotar o inimigo, ainda teremos de encontrar a saída do labirinto. Precisaremos da ajuda da razão, um fio de Ariadne, que nos foi dado muito antes de sabermos para que serviria, amarrado à porta pela qual entramos antes de compreendermos como seria valioso. É a razão que finalmente nos leva para fora do labirinto sombrio em direção à luz.

Racionalismo em excesso, porém, pode ser fatal. A inteligência aguçada quase custou a vida de Dédalo. Depois que ele revelou o segredo do labirinto e fugiu de Creta, o rei Minos o perseguiu sem trégua até a Sicília. Sabendo que o inventor estava escondido, Minos ofereceu um prêmio ao homem que conseguisse enfiar uma linha nas espirais internas de uma concha. O rei Cócalo da Sicília, que dera asilo ao inventor, se ofereceu para resolver a charada e mostrou a concha a Dédalo. Incapaz de resistir ao desafio intelectual, este fez um furo numa das extremidades da concha e colocou lá dentro uma formiga na qual colara uma linha fina. Quando o inseto saiu do outro lado, Cócalo levou a concha para Minos e reivindicou seu prêmio. Percebendo que somente Dédalo, o inventor do labirinto, poderia ter solucionado o complexo desafio, Minos exigiu que Cócalo lhe entregasse seu hóspede.

– Claro que sim – respondeu Cócalo –, mas por que você não toma primeiro um bom banho quente antes do jantar?

Minos aceitou tolamente, sem desconfiar de que a filha de Cócalo iria matá-lo com água fervente. Por sorte Dédalo escapou com vida da armadilha do rei cretense. O excesso de racionalismo pode ser perigoso, mas seu oposto – emoção em demasia – também pode ser destrutivo.

A BATALHA ENTRE OS LÁPITAS E OS CENTAUROS

Na distante Tessália, vivia a tribo dos lápitas, governada pelo rei Pirítoo. Teseu, que viria a matar o Minotauro, era seu amigo.

Quando o rei resolveu se casar, convidou as tribos vizinhas para os festejos. Entre os convidados estavam os centauros, uma estranha raça em parte humana e em parte animal – tinham aparência humana até os quadris, que se uniam ao corpo de um cavalo.

Quando eles chegaram ao casamento, beberam o vinho que era servido em abundância e ficaram embriagados. Desinibidos e sem se importar com as restrições morais, agiram num impulso, capturando e fugindo a galope com a bela noiva e suas damas de honra, para grande consternação de Pirítoo e dos outros lápitas, que saíram em defesa de suas mulheres. Teseu, que estava presente, se juntou à briga.

A luta entre os lápitas e os centauros foi uma batalha sangrenta, que posteriormente seria representada em esculturas no templo de Zeus em Olímpia e no Partenon de Atenas.

No fim, os lápitas venceram e expulsaram seus inimigos.

Alguns interpretaram a reprodução artística do embate entre eles como propaganda política. De acordo com essa teoria, os lápitas seriam os próprios gregos e os centauros seriam os persas, recentemente derrotados pelos gregos na guerra. Ideologicamente, os lápitas representariam a civilização grega e seus defensores, que procuravam preservar a lei e a ordem. Os centauros, por outro lado, simbolizariam as forças persas da barbárie, propensas à destruição.

E podemos descobrir ainda outras coisas se refletirmos sobre a natureza dos centauros, que, como o Minotauro, eram apenas metade humanos e guiados por impulsos bestiais e brutais, por emoções violentas e descontroladas. Os lápitas, ao contrário, eram totalmente humanos e governados pela racionalidade. A batalha então simbolizou um conflito fundamental da natureza humana: o embate entre a emoção e a razão, entre impulso e lógica.

A Tessália, local do confronto, não fica tão distante assim, afinal. A batalha entre os lápitas e os centauros se desencadeia em cada um de nós, em nosso ego. Até que ponto devemos deixar nossas emoções comandarem nossa vida? Até que ponto nossa vida deve ser governada pela razão?

Tais questões são por natureza imperfeitas porque supõem que podemos deliberadamente escolher, que podemos designar um papel definido para cada uma delas. Os gregos antigos diriam que podemos, ou melhor, que devemos tentar.

No decorrer da maior parte de sua história, os gregos mostraram que não eram tolos a ponto de acharem que somos senhores de nossa vida. Muitos heróis e heroínas trágicos provaram o contrário, e os gregos dedicavam atenção às suas tragédias. Os protagonistas dão testemunho de que não apenas nossas emoções podem levar a melhor sobre nós como até dominar e mesmo destruir nossa vida. Apolo advertia dos excessos, plenamente consciente de que, como seres humanos, é a isso mesmo que estamos sujeitos.

O perigo é acharmos que somos puros lápitas, que podemos construir inteiramente a nossa vida com a razão fria e, assim, torná-la perfeita. Nossa natureza, porém, está mais próxima da do centauro. O homem, metade razão, metade emoção, é uma criatura de sangue quente dotada de cérebro. Qual das nossas partes vai triunfar no final é o que determinará nosso futuro e o da própria civilização.

LOUCOS DE PEDRA

O calor da emoção é evidente na vida de três personagens da mitologia grega – Aquiles, Antígona e Medeia – e no fogo irracional que os consumiu.

Aquiles

Esse é o personagem central da *Ilíada*, de Homero. Além de ser a mais antiga obra da literatura europeia que se preservou, a *Ilíada* é também o primeiro romance psicológico ocidental.

Aquiles pode ser o protagonista, mas a força motriz, o verdadeiro tema desse épico, é a emoção, como o autor deixa claro. "Cantai, Deusa, a cólera de Aquiles e suas mortais consequências", exclama ele. É às consequências dessa emoção que se refere o poeta, que fala de como a ira de um homem "lançou no inferno as almas de bravos heróis e fez de seus cadáveres carniça para abutres e cães".

Tudo por causa de uma discussão. Aquiles passara nove anos lutando em Troia, arriscando sua vida pela glória. No entanto, todas as vezes que os espólios de guerra eram distribuídos, não era ele, e sim seu altivo comandante em chefe, Agamenon, quem mais recebia.

Durante um ataque surpresa a uma aldeia afastada, capturaram mulheres para servirem de concubinas para o exército invasor. Agamenon escolheu uma delas, e foi assim que o problema começou. Uma epidemia arrasadora assolou o acampamento grego, enviada por Apolo, porque a mulher que Agamenon escolheu era filha de um sacerdote. Para salvar seu exército da morte, Agamenon foi obrigado a devolver a moça para o pai, mas não antes de selecionar uma substituta. Como todas já tinham sido escolhidas, Agamenon se decidiu pela mulher de Aquiles. Ofendido, o herói declarou que embarcaria de volta para casa. Depois de engolir tantos anos de insultos, seu orgulho fora ferido e ele não aguentava mais.

Com Aquiles ausente do combate, as baixas gregas começaram a aumentar. Agamenon lhe ofereceu reparações, mas Aquiles não lhe deu ouvidos. Por fim, Pátroclo, seu melhor amigo e companheiro, se apresentou para combater no lugar dele. Obcecado por seu orgulho ferido e inabalável em sua raiva, Aquiles impensadamente permitiu que o amigo o substituísse na batalha, e Pátroclo acabou morto. Nada, nenhum lamento ou sentimento de vingança foi capaz de preencher o vazio que a morte de Pátroclo deixou no coração de Aquiles.

Antígona

Essa era filha de Édipo e herdeira de seu caráter apaixonado e sua obstinação. Seus dois irmãos lutaram entre si pelo controle de Tebas enquanto o pai perambulava sem rumo após furar os próprios olhos. Na última batalha, morreram nas mãos um do outro. O novo rei, Creonte, tio de Antígona, decretou que um dos irmãos, o que defendera a cidade, teria um funeral solene. No entanto, o outro, que atacara Tebas, ficaria insepulto, seu corpo deveria ser abandonado para apodrecer no campo de batalha e sua alma vagaria para sempre sem repouso. Além do mais, ordenou Creonte, quem o enterrasse seria executado.

Cheia de rancor pelo tio, Antígona resolveu desafiá-lo e obedecer à lei divina em vez daquela criada por ele. Cobriu o corpo do irmão com terra, descumprindo de modo provocador o impiedoso edito de Creonte.

Recém-chegado ao trono e intolerante a qualquer desafio à sua autoridade, Creonte então ordenou que ela fosse enterrada viva. O filho dele, noivo de Antígona, correu para libertá-la, mas descobriu que ela havia se enforcado, num último ato de desafio. O rapaz, inconsolável, matou-se então com a própria espada. Ao receber a notícia da morte de seu filho, a mulher de Creonte se suicidou. No fim da dramática versão de Sófocles para essa história, o tirano está sentado no trono, solitário e desconsolado, vítima de sua própria teimosia.

Medeia

Segundo o dramaturgo Eurípides, Medeia era uma feiticeira que se apaixonou por um aventureiro chamado Jasão, que chegara ao reino do pai dela em busca do Velocino de Ouro. Ela o ajudou a obtê-lo e, quando ambos foram perseguidos no mar por seu pai, Medeia matou o próprio irmão e jogou as partes de seu corpo mutilado na água, de modo que o pai se viu obrigado a parar e recolhê-las, permitindo assim que ela e o amante escapassem.

Como já possuía o Velocino de Ouro, porém, Jasão não precisava mais de Medeia e acabou se cansando de sua companhia. Pensando nas vantagens que traria à sua carreira, casou-se com uma princesa de outro reino onde havia sido recebido.

Medeia, desprezada, preparou sua vingança. Como presente de casamento, mandou para a noiva de Jasão um vestido impregnado de um veneno que a matou, corroendo-lhe a carne. Para castigar ainda mais o ex-amante, ela sequestrou os dois filhos que tinha tido com ele e os assassinou. Na conclusão da tragédia de Eurípides, a feiticeira voa pelo céu numa carruagem puxada por dragões.

Um trio mortal

Aquiles, Antígona e Medeia são três personagens míticos que ilustram bem o alto preço que se paga pela emoção inflamada. Revelam, em proporções exageradas, o que pode acontecer quando somos dominados pela paixão em estado bruto. Embora talvez nunca alcancemos suas heroicas alturas ou mergulhemos em suas detestáveis profundezas, suas biografias são uma advertência para que controlemos com a razão nossas emoções a fim de não ferirmos a nós nem aqueles a quem amamos.

PARAÍSO PERDIDO

Os atenienses da Era de Ouro acreditavam que, para que a civilização sobrevivesse e prosperasse, a razão deveria prevalecer sobre a emoção desenfreada. Ela deveria guiar a emoção com seus princípios lógicos da mesma forma que um cavaleiro controla a montaria com a rédea.

Eles representaram graficamente essa ideia com sua arte numa faixa de 160 metros de mármore esculpido que percorria o alto das paredes do templo de Atena. O friso mostra um desfile que era realizado a cada quatro anos em homenagem à deusa. Enquanto jovens atenienses cavalgam orgulhosos suas montarias, vemos um notável contraste entre a frieza emocional de seus rostos e a expressão fogosa das cabeças dos cavalos. Por toda parte prevalece a ordem racional, em tributo ao espírito orientador de Atena.

Os rostos e os corpos dos homens também obedecem a um princípio lógico que vicejava naquele tempo, um princípio que considerava a beleza algo matematicamente exprimível. Por essa razão, todos os rostos são iguais, já que a beleza respondia à mesma fórmula de perfeição. O escultor Policleto chegou a escrever um livro, hoje perdido, fornecendo as proporções de um corpo humano perfeito.

A Era de Ouro foi uma época de idealismo, e este era uma função da razão. Foi também um período de intensa criatividade produzida pela captação da energia da mente. Nunca antes na História e jamais desde então tanta coisa de valor intelectual duradouro foi criada por tão poucos. O fato é que a maior parte daquilo a que chamamos literatura e arte clássica grega foi feita em uma cidade, Atenas, que em seu apogeu tinha apenas 40 mil habitantes, aproximadamente. No entanto, entre eles viviam os dramaturgos Ésquilo, Sófocles e Eurípides, autores de tragédias, e Aristófanes, escritor de comédias; o filósofo Sócrates e o jovem Platão; os historiadores Heródoto (em estadia temporária) e Tucídides; os escultores Míron, Policleto e Fídias, que esculpiu o Partenon; e Ictinos e Calícrates, arquitetos que projetaram esse templo.

Por que tudo isso aconteceu no espaço de um século é difícil dizer. A única analogia que nos vem à mente é a Florença renascentista. Riqueza, tempo disponível e orgulho patriótico foram os fatores decisivos. Uma preciosa concentração de talento – acidente genético fortuito – seria o quarto. Mas certamente um dos fatores mais importantes foi o conjunto de princípios que regia a vida dos atenienses, em especial o humanismo (de que já tratamos neste livro), o individualismo (ainda a ser discutido) e o racionalismo (o assunto deste capítulo). Não por acaso, esses mesmos princípios combinados àqueles fatores inspiraram a Renascença italiana, que testemunhou o renascimento do ideal clássico. Quando Michelangelo pensou em representar Adão no teto da Capela Sistina, pode intencionalmente ter tomado como modelo um nu masculino reclinado do Partenon, apenas invertendo a pose da figura da direita para a esquerda a fim de assinalar que se tratava então de uma era cristã e não pagã.

Em meados do século V, quem governava Atenas era seu principal estadista, Péricles, que cuidou da cultura de sua cidade da mesma forma que Lorenzo de Médici cuidou de Florença. Foi *il magnifico* de Atenas quem dirigiu o projeto de renovação urbana do alto da Acrópole, fazendo novos templos esplendorosos ocuparem o lugar dos que haviam sido destruídos pelos invasores persas no início do século. Péricles, como Lorenzo, era também um arquiteto da política. Foi ele quem transformou o que fora uma associação voluntária de cidades gregas livres num império arbitrariamente governado por Atenas. Em última análise, foi sua política imperialista – que causou a guerra com Esparta – que deixou Atenas militar e psicologicamente derrotada no fim do século.

Péricles e seus companheiros atenienses deveriam ter previsto essa derrota. O roteiro que eles representaram no mundo real foi exatamente igual aos que assistiram várias vezes como espectadores no grande teatro de Atenas. Era a fórmula narrativa padrão da tragédia grega: um personagem que aprecia a riqueza (*olbos*) e demonstra arrogância (*hubris*). Essa arrogância, por sua vez, inspira um ato de cegueira desvairada (*ate*), o que provoca a vingança dos deuses (*nemesis*), que estão sempre prontos a ensinar aos homens que foram longe demais com suas ações. O que os atenienses não perceberam foi que esse tipo de lição se aplica tanto ao Estado quanto ao indivíduo. Embriagada pela riqueza material, Atenas tratou seus vizinhos de modo arrogante, cometendo um ato de extremismo após outro, acontecimentos que finalmente incitaram uma guerra mortal que se estendeu por mais de 25 anos – a chamada Guerra do Peloponeso – entre Atenas e Esparta.

Como é possível que Atenas, a cidade da razão, tenha sido tão cega?

A resposta é que os atenienses eram apenas seres humanos, e não deuses, uma distinção que tragicamente esqueceram no caminho para o sucesso. Haviam-se cercado de um ambiente artificial de imagens perfeitas, à semelhança de divindades, até começarem a acreditar que eram tão perfeitos e divinos quanto as figuras que haviam esculpido na pedra. Só que não eram feitos de mármore impecável e sim de carne fraca, mais centauros do que lápitas, e não estavam imunes às leis dos céus.

Até o Partenon era uma ilusão, pois não há uma única linha reta nele. Uma ilusão de óptica, em que toda superfície é propositalmente distorcida para compensar as falhas da visão humana. Se, por exemplo, a superestrutura fosse perfeitamente horizontal, daria a impressão de ser arqueada, fraca. Por isso, foi construída com uma leve curvatura para cima a fim de parecer de fato reta. Os arquitetos do Partenon não estavam construindo um templo na Acrópole, mas na mente humana, dispostos a torcer a realidade para aplacar os sentidos. Como disse o sofista Protágoras, o homem é a medida de todas as coisas. Mas todas as coisas podiam ser uma bela mentira.

A realidade virtual do período clássico foi um perigoso exercício de autoilusão, com o qual os atenienses se convenceram de que eram uma raça superior invencível que merecia governar outros homens. De modo semelhante, nossos sonhos podem vir a nos iludir e nos impedir de enxergar a verdade, destruindo-nos no final. Foi a lição que um rapaz chamado Faetonte aprendeu a duras penas.

O MITO DE FAETONTE

Hélios era o deus do Sol e conduzia sua carruagem de fogo através dos céus. Teve um filho, Faetonte, com Clímene, uma ninfa do mar. Quando o filho chegou à idade adulta, sua mãe cometeu o erro de lhe revelar quem era seu pai.

Ele não acreditou no que ela lhe disse e resolveu descobrir por conta própria a identidade do pai. Viajaria para leste na direção do horizonte até chegar ao palácio de Hélios e exigiria que ele lhe contasse a verdade.

Ao ver Faetonte, Hélios admitiu de bom grado ser seu pai e, para provar, se ofereceu para realizar qualquer desejo dele. Lamentavelmente, o rapaz declarou que seu desejo era dirigir a carruagem do Sol pelo céu. O pai, desesperado, tentou dissuadi-lo: comandar os ardentes cavalos que puxavam a carruagem não era tarefa para iniciantes, muito menos para um adolescente. Mas Faetonte insistiu, a fatídica promessa fora feita e não podia ser descumprida, de modo que o jovem subiu na carruagem e segurou as rédeas.

Em seguida, os cavalos dispararam pelo portão afora e subiram alto no céu. Faetonte fez o melhor que pôde para contê-los e mantê-los no percurso determinado, mas os animais perceberam que aquelas mãos tímidas e temerosas não eram as de Hélios, seu senhor. Inclinando-se para um dos lados, a carruagem do Sol de repente mergulhou fundo e desceu tanto que chamuscou a Terra.

Do alto do monte Olimpo, Zeus viu horrorizado o que estava acontecendo: a Terra logo seria incendiada. Precisava agir rápido, não tinha escolha. Desferiu um de seus raios e fulminou Faetonte, lançando-o da carruagem. O rapaz foi enterrado, dizem, no ponto onde caiu no solo, e as palavras a seguir foram inscritas em seu túmulo:

Aqui jaz Faetonte, que dirigiu a carruagem de seu pai.
Não conseguiu guiá-la, mas ousou realizar grandes feitos.

NASCER DO SOL NA ACRÓPOLE

Todas as manhãs, o sol nascente ilumina a face leste do Partenon, como vem fazendo há 25 séculos.

O escultor Fídias desenhou o frontão leste do templo para contar como Atena nasceu da cabeça de Zeus. Assim que a deusa nasce, um mensageiro corre para dar a notícia aos deuses. Num canto à direita, a carruagem da Lua mergulha no horizonte ocidental, seus cavalos cansados, respirando com dificuldade; num canto à esquerda, a carruagem do Sol começa a subir. É o nascer do sol, a hora do nascimento de Atena, uma aurora gloriosa para a cidade de Atenas e para toda a Grécia.

Foi um momento brilhante não só para a civilização grega como para a humanidade, mas foi um momento que se perdeu porque o homem sonhou alto demais. A razão é apenas um instrumento que a ambição cega manipula com grande facilidade.

Com as rédeas da razão em nossas mãos, nós – como Faetonte e os atenienses – nos atrevemos a dirigir a carruagem do Sol. Atrelados à nossa carruagem nacional estão os voluntariosos corcéis da ciência e da tecnologia mordendo os freios, insistindo que exploremos a natureza e aperfeiçoemos o que acharmos melhor. "O céu é o limite", parecem dizer. O portão se abre à nossa frente e Zeus nos observa de cima.

OS GREGOS E O IRRACIONAL

A despeito de seu empenho apaixonado em usar a razão, os gregos antigos também reconheciam a vital importância do irracional. Na realidade, sua própria paixão em conhecer a verdade era por si só irracional. Despida da emoção, a civilização grega teria sido muito menos interessante. Talvez nem tivesse prosperado tanto. A emoção é uma coisa. A busca da verdade, poderíamos pensar, é outra. Mas não era assim que o antigo povo grego pensava.

Os Mistérios de Elêusis

Um dos segredos mais bem guardados da Antiguidade, os Mistérios, ou ritos místicos, devem seu nome ao lugar sagrado onde se realizavam, um local nos arredores de Atenas chamado Elêusis. Diz a lenda que a deusa Deméter foi até lá procurar sua filha Perséfone, que Hades sequestrara. Disfarçada de velha pobre, ela foi acolhida de modo hospitaleiro pelos habitantes locais e, grata, lhes revelou sua verdadeira identidade. Então um templo foi construído lá em sua homenagem. Quando afinal encontrou a filha, Deméter ensinou aos cidadãos de Elêusis as artes da agricultura. Foram as primeiras pessoas a quem ela transmitiu esses segredos.

Nos séculos que se seguiram, Deméter e Perséfone foram cultuadas lá numa cerimônia anual que celebrava a fertilidade da terra e a miraculosa geração de vida vegetal. Num santuário especial conhecido como Telesterion, os devotos eram iniciados no culto e juravam nunca revelar a substância de seus ritos secretos. A palavra "mistério", na verdade, vem do termo grego *múein*, que significava "manter a boca fechada". O juramento era um compromisso tão sério e a experiência mística que se seguia a ele era tão avassaladora que quase nada se conhece a respeito do que realmente acontecia no escuro interior do santuário. Alguns estudiosos acreditam que era mostrado um único e exuberante feixe de trigo aos devotos e estes recebiam prenúncios da alegria que os aguardava na vida além-túmulo, como Deméter, que triunfara sobre o deus da morte, e como a semente vicejante brota de uma casca seca e aparentemente morta. Tais prenúncios não eram transmitidos por meios racionais, mas através de uma experiência tão profunda que as palavras não podiam descrever.

Até mesmo o filósofo Platão, que afirmava que o conhecimento daquilo a que chamava "o Bem" só poderia ser obtido através de um avançado exercício da razão, declarava que o Bem em si era, como o esplendor do sol, uma presença inefável que transcendia a razão. Para assistir ao seu nascimento, porém, o filósofo tinha de estar apoiado na lógica.

O deus do êxtase

Assim como a transcendência marcou a veneração a Deméter, o êxtase distinguiu a adoração a Dioniso. A palavra "êxtase" vem do grego e significa literalmente "colocar-se fora de si mesmo". O êxtase era associado ao culto de Dioniso porque fora ele que, ao dar o vinho aos homens, libertara-os de suas inibições. Era portanto um deus irracional que havia liberado a humanidade dos limites das convenções. Suas devotas, chamadas Mênades, chegavam a entrar em transes durante os quais comiam carne crua de animais que matavam e esquartejavam com as próprias mãos.

Em seu livro *Além do bem e do mal*, o filósofo alemão do século XIX Friedrich Nietzsche identificou Dioniso como o oposto do frio e intelectual deus Apolo. Para que uma civilização (incluindo-se a civilização moderna) tenha vitalidade, é preciso que o princípio apolíneo e o dionisíaco coexistam, mas, dos dois, afirmava Nietzsche, é o dionisíaco que deve prevalecer para que a vida citadina criativa se desenvolva como uma parreira de uvas maduras e suculentas.

Nas festividades associadas ao cultivo das uvas para o vinho, os gregos homenageavam Dioniso, que acabou se tornando também o deus dos dramas inspirados pela mente liberada. Com esse fervor, no entanto, coexistiam tendências conservadoras na cultura grega que encaravam a entrada de Dioniso na religião grega como uma ameaça ao comportamento das massas.

A tragédia *As bacantes*, de Eurípides, conta que um rei chamado Penteu tentou impedir o crescimento do culto a Dioniso, pois o considerava uma força subversiva. No último ato, Penteu é assassinado pelas Mênades de Dioniso que, frenéticas, arrancam braços e pernas do rei, esquartejando-o. Apesar desse episódio sangrento, Dioniso continuou a ser reverenciado porque os gregos o identificavam com uma energia sombria mas potente que traziam encerrada na alma, uma energia que desafiava as restrições sufocantes da razão excessiva.

Dioniso continua sendo um deus hoje em dia – e dos mais perigosos. É o deus das drogas ilícitas e do álcool, o deus das multidões turbulentas e das ideias impensáveis. Temos de chegar a um acordo com ele, porque no reflexo dele é o nosso próprio rosto que vemos. Pode ser um rosto que não nos agrade reconhecer, mas é o nosso. Mesmo se nos recusarmos a reconhecê-lo, ele ainda assim existirá e nos castigará, como fez com Penteu, por nossa teimosia e rejeição. Precisamos encontrar de algum modo uma estratégia para viver com ele sem renunciar a Apolo. A razão por si só seria anêmica e fria, mas sem ela seríamos apenas animais.

O EXERCÍCIO DA RAZÃO

Ao explorar o ego, quem busca o conhecimento usa o lume da razão para penetrar nos níveis mais profundos e escuros de suas emoções. Os gregos antigos sem dúvida sabiam que não somos criaturas totalmente racionais, mas sim impelidas por necessidades emocionais e desejos. Foram os primeiros na história do mundo a enxergar a vida como um campo de batalha entre a emoção e a razão. E, sendo prisioneiros de nossas emoções, não temos controle absoluto sobre nossas vidas. Como, então, adquirir esse controle?

A resposta mais honesta é que talvez não seja possível adquirir controle *absoluto.* Os atenienses do século V padeceram por causa dessa ilusão e sofreram uma decepção histórica. Mas admitir que as emoções existem e que às vezes é necessário contê-las é adquirir pelo menos um controle *parcial.* Não que o antigo povo grego em algum momento tenha desejado ser totalmente livre de emoções, pois ser emocionalmente esterilizado significaria ser esvaziado das alegrias, além das tristezas. Ao mesmo tempo, entretanto, tinha consciência de que as emoções são voláteis e podem nos causar mais sofrimento do que seria desejável.

Como, então, aplicar o princípio do racionalismo à nossa vida diária?

Primeiro, reconhecendo exatamente o que os gregos antigos faziam. Nossa vida é um cabo de guerra entre sentimentos e lógica. Agir somente de acordo com as emoções não nos garante a felicidade. E apenas a lógica não nos torna humanos.

Precisamos empregar o poder da razão para solucionar questões que são tratáveis por ela, reconhecendo simultaneamente que a razão tem seus limites e não é capaz de equacionar *todos* os problemas. Muitos não podem ser resolvidos pelo cérebro humano: só o coração sabe como lidar com eles.

Temos de ter à mão o instrumento de Atena, a razão, na nossa caixa de ferramentas mental e não deixar que ele enferruje. É o primeiro a que se deve recorrer quando se está diante de uma questão a ser resolvida.

O verdadeiro presente de Atena, afinal de contas, não foi "fazer tudo da maneira como sempre foi feito". Ulisses sabia disso quando, no papel de Ninguém, enganou o ciclope e fugiu da caverna. Inteligência pode significar encontrar uma nova maneira, solucionar um velho problema de uma forma nunca antes experimentada nem sequer imaginada. A inteligência e o racionalismo podem, portanto, ser portas para a liberdade.

CAPÍTULO 6

O sexto pilar: A curiosidade incansável

A CURIOSIDADE INCANSÁVEL, SEXTO PILAR da sabedoria grega, é o desejo compulsivo de conhecer a verdade. A capacidade de ser racional não vale nada, acreditavam os gregos, a não ser que a utilizemos para fazer perguntas corajosas a respeito de nós mesmos e de nosso mundo.

A PRECE DE ÁJAX

Na vasta planície diante da cidade de Troia, uma batalha sangrenta foi travada entre os guerreiros da Grécia e seus inimigos troianos. Para dar a estes uma vantagem temporária, Zeus decidiu cegar o exército grego envolvendo em trevas o campo de batalha. Em meio à escuridão, Ájax, um guerreiro rude e sagaz, exclamou, dirigindo uma prece aos céus: "Pai Zeus, livra-nos da escuridão e clareia o céu. Deixa-nos ver com nossos olhos. Se é para nos matar, mata-nos na claridade!"

Ájax ficara tão atormentado pela escuridão que implorara que viesse a claridade, mesmo que ela trouxesse a morte. Sua necessidade absoluta de enxergar, primeiro expressa na *Ilíada*, de Homero, era característica da antiga nação grega. Ironicamente, reza a lenda que Homero era cego, o que não impediu sua visão interior de enxergar a natureza do homem. Para cumprir nossa natureza humana, nos diz o poeta, temos de lutar com a realidade, mesmo sob o risco de morrer. Ousar menos é ser menos.

A MORTE DE LAOCOONTE

Quando a Guerra de Troia já se arrastava por 10 anos e nenhum dos lados levava vantagem sobre o outro, o exército grego decidiu lançar mão de um ardil para vencer. Seguindo o conselho de Ulisses, foi construído um imenso cavalo de madeira e o comandante ordenou que destacamentos de soldados ocupassem o interior espaçoso e ficassem prontos para o ataque. A ideia era fazer com que os troianos levassem o cavalo para dentro da cidade. Uma vez no interior das muralhas, os soldados esperariam anoitecer, abririam um alçapão e desceriam escondidos por uma escada de corda. Então acenderiam tochas para enviar sinais a seus navios, ancorados ao largo. Os troianos seriam apanhados de surpresa e a cidade seria saqueada e queimada.

De acordo com o plano, o exército grego levantou acampamento e se lançou ao mar, deixando o cavalo de madeira na praia deserta. Quando os troianos olharam do alto de suas ameias na manhã seguinte, pensaram que os gregos tinham finalmente desistido e voltado para casa. Enquanto vários troianos circulavam em torno do cavalo, outros traziam arrastado um desertor grego que tinham encontrado escondido. Na verdade, ele não era desertor – os gregos o tinham deixado lá de propósito para que os troianos engolissem a isca.

– O cavalo é um presente dos deuses – afirmou o espião. – Se o levarem para dentro de sua cidade, nunca mais precisarão temer os gregos.

É claro que, para que o cavalo entrasse em Troia, seria preciso desmontar os portões, o que deixaria a cidade sem defesa – exatamente o que os gregos queriam. Mas os troianos estavam embriagados demais com a vitória para se preocuparem com esse detalhe.

– Vamos levá-lo para dentro! – gritaram.

Foi então que um sacerdote troiano chamado Laocoonte se adiantou e fez calar a turba entusiasmada.

– Cuidado com os gregos, mesmo quando eles trouxerem presentes – advertiu. Laocoonte desconfiava do cavalo de madeira e do que ele poderia pressagiar. – Há algo aqui que me parece estranho, algo que precisamos investigar – disse ele. Então fez mira e arremessou uma lança no cavalo, fazendo o interior oco estremecer e os soldados escondidos lá dentro prenderem a respiração. – Acho que escutei algo – disse.

Mas antes que fizesse mais alguma coisa, os deuses que detestavam Troia e queriam vê-la cair mandaram duas serpentes saírem do mar. Sem serem notadas, elas deslizaram pela praia até o lugar onde se encontravam Laocoonte e seus filhos. Então, enroscando seus corpos enormes em torno dos três, esmagaram-nos até a morte.

Laocoonte ousara fazer um questionamento vital e pagou caro por sua mente curiosa.

Os troianos, interpretando a morte do sacerdote como um sinal dos céus e ignorando os perigos que o cavalo pudesse oferecer, levaram-no, e com ele a desgraça, para dentro da cidade.

O CANTO DAS SEREIAS

Depois da queda de Troia, os gregos vitoriosos carregaram seus navios com tesouros e navegaram de volta para casa. Helena, a sedutora mulher que causou a guerra, foi colocada a bordo do navio de seu marido, destinada a uma vida confinada ao lar, arrependida de seu capricho amoroso.

Por fim, todos os guerreiros gregos regressaram, exceto Ulisses, que ainda iria passar por uma década de tribulações no mar antes de chegar a Ítaca e tentar reaver sua mulher. Na viagem para casa, ele teve de superar muitos obstáculos e resistir a várias tentações, entre elas seu notável encontro com as sereias.

Com seu canto melodioso, essas criaturas enfeitiçavam os marinheiros que passavam. Ficavam sentadas num campo florido rodeadas pelos corpos em decomposição daqueles que haviam sido atraídos à praia por suas cantigas.

O percurso de Ulisses o levaria ao litoral das sereias, mas uma deusa amiga lhe ensinara como poderia escapar da morte.

– Tape com cera os ouvidos dos homens de sua tripulação para que não escutem o canto das sereias – dissera ela. – Assim, não serão tentados a ir para lá. Mas se você quiser escutar o canto delas, peça que seus homens o amarrem no mastro e diga a eles que reforcem os nós, caso você ordene que o soltem.

Claro que Ulisses também poderia ter colocado cera nos *próprios* ouvidos e nunca ter escutado o canto mágico. Mas ele queria viver a experiência e contá-la depois. Era um homem que desejava explorar emoções novas. Homero nos revela essa característica no princípio da *Odisseia*, quando apresenta seu protagonista como um homem que "via as cidades de muitos homens e aprendia a entender suas mentes". Ao contrário do impetuoso Aquiles, Ulisses era um homem que refletia e que adorava a aventura de explorar o desconhecido.

Qual era a atração especial que as sereias exerciam? Seria simplesmente a extraordinária beleza do seu canto? Parece que não. Pelo menos no caso de Ulisses elas personalizaram a cantiga para capturar sua presa. Sabiam que a curiosidade intelectual era o "calcanhar de Aquiles" de Ulisses, de modo que apelaram para sua mente curiosa. "Sabemos tudo o que aconteceu nas planícies de Troia", cantaram, "e tudo o que acontecerá na Terra." Dessa maneira, acenavam com o passado e com o futuro diante dele para atraí-lo para sua praia.

O chamado do passado e do futuro foi irresistível, e Ulisses fez força para se libertar das cordas, gritando para que seus homens o soltassem. Porém, como haviam sido instruídos, eles o amarraram ainda mais forte, até o som das vozes das sereias se misturar com o ruído da espuma do mar.

Se Ulisses tivesse ido ao encontro delas, teria morrido, pois o passado e o futuro, supõe Homero, podem matar. Eles nos roubam do presente, a única dimensão na qual podemos verdadeiramente viver. Fixar-se nostalgicamente num passado no qual não podemos mais habitar e sonhar acordado com um futuro que ainda não chegou faz o presente escapulir de nossos dedos, ficando perdido para sempre. O futuro e o passado nos fascinam porque somos humanos e curiosos. Mas é exatamente por sermos humanos que temos de nos recusar a nos deixar escravizar por eles.

A EDUCAÇÃO DE TELÊMACO

Ao mesmo tempo que Ulisses voltava para casa por mar, seu filho, o jovem Telêmaco, partia em busca de notícias dele, afinal não sabia se o pai estava vivo ou morto. Ele era apenas um bebê quando o pai foi para a guerra, que durou 10 anos. E por mais uma década, muito depois de todos os outros guerreiros terem sido localizados, o paradeiro de Ulisses continuava desconhecido. Telêmaco nunca tivera um pai que lhe servisse de modelo para a vida ou que lhe ensinasse a ser um guerreiro e um homem. E agora a situação em Ítaca estava indo de mal a pior, pois os nobres arrogantes que tinham ocupado o palácio de seu pai pressionavam sua mãe a escolher um deles para ser seu novo marido. Sem saber o que fazer, Telêmaco recebeu a visita de Atena, a deusa do intelecto, que o incentivou a procurar o pai e descobrir se ele estava vivo ou morto. Ela inspirou no rapaz uma viva curiosidade, o impulso para encontrar respostas concretas para as perguntas que o assombravam. A curiosidade por si só é impotente, a menos que seja aliada à ação. Do contrário, ficamos paralisados pelas preocupações e pela falta de iniciativa.

No entanto, a missão de que Atena encarrega Telêmaco é um certo paradoxo. Por ser a deusa do conhecimento, ela já sabe onde Ulisses está – ou seja, a caminho de casa. Por que não contar a ele? Por que fazê-lo procurar a resposta sozinho?

A razão é que as respostas para as perguntas verdadeiramente importantes da vida só têm sentido quando nós mesmos as procuramos. Um psicoterapeuta é capaz de descrever o nosso problema depois de uma única visita, mas a cura depende de descobrirmos sozinhos a resposta. Na realidade, a busca da resposta é que constitui a cura. Aonde se chegará pode ser um fator meramente secundário.

Ao deixar o conforto de casa e se arriscar numa perigosa viagem marítima, ao percorrer os palácios de nobres poderosos e agir como o príncipe que de fato era, Telêmaco cresceu e se tornou um filho digno de seu pai. Dizem que viajar é a melhor forma de educação. Para Telêmaco, a busca de respostas se transformou no caminho para a maturidade.

O ERRO DE PSIQUÊ

Se a curiosidade pode nos ajudar a crescer, também pode às vezes se tornar nossa desgraça. De acordo com essa história, Psiquê estava prestes a ser sacrificada a um monstro quando um deus misterioso a salvou, um deus que lhe foi proibido contemplar. Ele a transportou para seu palácio e a possuiu todas as noites, sempre na escuridão total para que Psiquê não pudesse ver nem seu corpo nem seu rosto.

A curiosidade de Psiquê acabou vindo à tona e ela perguntou:

– Quem é essa criatura que salvou minha vida e agora me ama com tanta paixão?

Numa noite, enquanto seu amante dormia, ela se esgueirou da cama e apanhou uma lamparina. Acendeu-a e a aproximou da cama para ver o rosto de seu salvador. À luz trêmula, viu que ele era mais bonito e perfeito do que jamais poderia ter imaginado.

Enquanto segurava a lamparina, porém, ela derramou uma gota do óleo, que caiu na face dele e o acordou. Ao vê-la de pé ao seu lado na claridade e percebendo que sua identidade não era mais segredo para ela, o deus se levantou e desapareceu na noite, deixando-a sozinha e chorosa. Em grego, o nome Psiquê significa "alma", e na história o amante dela se chama Eros, ou "paixão". Esse é um mito, portanto, que trata da procura da alma pela paixão, pelo amor.

Eros foge de Psiquê quando a alma exige demais: ver seu rosto às claras, saber seu nome, capturar sua essência invisível nos limites da definição. O objeto de nosso amor pode ser experimentado, mas nunca possuído. Se tentarmos possuí-lo, ele vai desaparecer instantaneamente de nossa vida.

O PAÍS NÃO DESCOBERTO

A história de Psiquê não é apenas uma história de amor: é também uma narrativa sobre obsessão intelectual. Outros foram possuídos pela mesma compulsão, mas por razões não relacionadas ao erotismo.

À medida que o círculo do que é conhecido se expande, o desconhecido também se amplia. Consequentemente, quanto mais sabemos, mais percebemos que ainda temos muito a aprender. Os gregos antigos, que eram impelidos por uma curiosidade incansável, descobriram muita coisa, mas cada descoberta os estimulava a procurar mais. Eram uma raça de exploradores que investigavam tanto o mundo exterior do universo físico como o mundo interior do espírito humano. A cada nova descoberta, outra nova fronteira lhes acenava, o "país ainda por descobrir" ao qual deviam sua lealdade natural.

Os anos entre 750 a.C. e 600 a.C. foram uma era de exploração marítima, quando aventureiros gregos instalaram colônias em extensos litorais do Mediterrâneo. No fim da década de 600, uma nova estirpe de pensadores chamados filósofos – literalmente, os "amantes da sabedoria" (de *phílos*, "amante", e *sophía*, "sabedoria") – começou a especular sobre a natureza do Universo. "De que é feito o mundo?", perguntavam. "Qual é seu ingrediente mais essencial?"

Para alguns, a resposta era a água; para outros, o ar; e para outros ainda, o fogo. E havia os que acreditavam que eram todos esses combinados com a terra. Alguns falavam em números, outros em infinidade, e outros, de uma invisível mente em ação. Em meados do século V, surgia a teoria atômica.

O que todos esses filósofos tinham em comum era a curiosidade, uma sede de conhecimento que tinha pouca relação com alguma coisa prática, mas tudo a ver com todas as coisas reais. Eram homens em uma busca abstrata através de um mar cósmico num navio chamado razão.

A busca da verdade

Por volta de meados do século V, os filósofos gregos deixaram de teorizar a respeito da natureza do Universo e se voltaram para as teorias sobre a natureza do homem. Alguns deles, conhecidos como sofistas, diziam que aquilo a que chamamos realidade é uma construção puramente mental, uma síntese do pensamento inventada pelos homens e uma projeção de seus valores particulares. Consequentemente, a moralidade não é algo absoluto, mas relativo a tempo e lugar. O que é legal em Esparta, por exemplo, pode ser ilegal em Atenas. Portanto, quem for sábio aprenderá os costumes e as convenções tradicionais do lugar onde se encontra, utilizando esse conhecimento em seu benefício, moldando a opinião pública por meio da arte da persuasão para obter sucesso pessoal e material.

Sócrates, o talhador de pedras, desdenhava os ricos e argumentava que a verdade é algo absoluto que não pode ser alterado pela simples opinião de alguém. Ele acreditava que é nosso dever moral buscar essa verdade brilhante e universal, pois sem ela nossa vida não tem sentido nem rumo. A verdade não é maleável e cinzenta como a argila, mas dura e branca como o mármore. Precisamos talhar essa rocha e depois definir seus contornos da maneira mais distinta possível. O martelo e o cinzel de Sócrates eram como pergunta e resposta, habilmente manejadas e persistentemente aplicadas até o surgimento da verdade, ou até seu oposto – a falsidade – ser revelado. Ele acreditava que enquanto não tivéssemos definido nossos termos com exatidão, o discurso racional seria impossível. Além disso, afirmava que essa busca da verdade precisava ser social e por isso não devia ser empreendida por um único indivíduo, e sim por meio da democrática troca de ideias em diálogos e debates calorosos.

Durante a longa carreira de Sócrates, muita gente achava que seus métodos eram ofensivos, sobretudo quando ele deixava as pessoas numa situação constrangedora mostrando como elas realmente sabiam pouco sobre assuntos como a política, embora se considerassem especialistas. Isso aconteceu principalmente durante os anos tensos da guerra entre Atenas e Esparta e nos dias sombrios que se seguiram, quando muitos teriam preferido não se lembrar de suas falhas.

Por fim, os inimigos de Sócrates o levaram a julgamento sob a acusação de corromper os jovens e também por não acreditar nos deuses do Estado. A primeira alegação foi feita porque muitos rapazes atenienses admiravam sua coragem em se opor ao establishment. A segunda, porque o filósofo, apesar de piedoso, obedecia antes de mais nada aos ditames de sua consciência.

Preconceituoso, o júri considerou Sócrates culpado. Em seguida, os autores da queixa e o acusado tiveram de apresentar penas alternativas para o júri avaliar. Os inimigos dele tomaram a medida radical de propor a pena de morte, pretendendo forçar Sócrates a propor uma pena rigorosa para si, embora não tão severa. Mas ele os surpreendeu. Fiel a seus princípios, propôs ser recompensado pelo que considerava um serviço público, mas depois recuou um pouco concordando em pagar somente uma multa modesta, com o dinheiro de seus amigos.

Mas Sócrates se recusou a parar de falar abertamente, como muitos desejavam. "Uma vida que não é examinada não é digna de ser vivida por um homem", justificou ele. Ser humano, afinal de contas, significa fazer perguntas – calar-se é ser menos que humano.

O júri de 501 homens se decidiu pela condenação à morte com mais de dois terços dos votos. Preso e aguardando a execução, Sócrates não aceitou a ajuda de amigos para fugir, alegando que deveria se curvar às leis da cidade que o criara. Até o dia em que lhe deram para tomar a venenosa seiva da cicuta e ele morreu.

As últimas palavras de Sócrates foram preservadas por seu discípulo Platão, que transcreveu o discurso que seu mestre fez para o júri. Chama-se *Apologia de Sócrates* e constitui uma defesa veemente dos princípios segundo os quais o filósofo vivia.

Paradoxalmente, a vida de Sócrates foi extinta pela cidade das luzes que o criou. Os tempos tinham mudado e o idealismo ateniense fora corrompido pelo dinheiro e pelo poder, e em seguida pela derrota.

Apesar de Sócrates ter morrido, seus valores sobreviveram não somente em suas palavras, mas no exemplo de sua coragem tanto na vida quanto na morte. Ainda hoje ele nos faz lembrar que uma vida que não pode ser questionada não vale a pena ser vivida, e que viver assim é liquidar nossa humanidade.

A ERA HELENÍSTICA

Sócrates morreu em 399 a.C., cinco anos depois do fim da guerra entre Atenas e Esparta. Durante o restante do século, a Grécia viveu à deriva sem uma bússola moral. O idealismo morrera com Atenas, e não havia nenhuma outra cidade ou filosofia que preenchesse o vazio. Por volta de 338 a.C., as cidades gregas, até então livres, foram conquistadas por Filipe da Macedônia e transformadas em seu novo reino. Após seu assassinato em 336 a.C., seu filho Alexandre, na época com 20 anos, assumiu seu lugar e liderou a Grécia numa guerra santa contra o Império Persa, que foi derrotado por seu exército. O reino de Alexandre então se estendeu para o leste até a Índia e para o sul até o Egito, e a Grécia se tornou uma pequena parcela de um admirável mundo novo no qual o Oriente e o Ocidente, a Europa e a Ásia, estavam unidos. Esse mundo helenístico foi geograficamente fragmentado com a morte de Alexandre em 323 a.C., mas do ponto de vista cultural permaneceu unificado graças à política que ele instaurou durante sua vida, construindo cidades em estilo grego como faróis do helenismo por toda a extensão de seu império.

Apesar das drásticas mudanças políticas do século IV a.C., a cultura grega se manteve invicta e a filosofia encontrou uma nova voz. Como o idealismo ateniense havia fracassado, era preciso achar um novo conjunto de princípios para orientar a vida das pessoas. Em busca de respostas, os filósofos helenistas se desviaram das abstrações intelectuais e se voltaram para a realidade sensual. Surgiram novas filosofias baseadas nos sentidos, no prazer e na dor. O estoicismo, por exemplo, ensinava que todos temos de superar a dor. O epicurismo, por outro lado, defendia a busca dos prazeres mais duradouros da vida.

Se a perfeição da arte clássica era uma mentira, então a arte tinha de ser mais fiel à vida, retratando sua agonia e seu êxtase carnais, em poses tão extremas e chocantes quanto a própria realidade. A máscara dourada da era clássica foi arrancada do rosto da raça humana por novos escultores, que ansiavam pela verdade e ousavam proclamá-la.

Laocoonte renascido

Uma das esculturas mais impressionantes da era helenística mostra Laocoonte e seus dois filhos sendo atacados por duas serpentes enormes, que se enrolaram em torno das vítimas indefesas. Estas se debatem em vão, gritando por um socorro que nunca virá. Nós também nos sentimos impotentes ao assistir à luta deles.

A escultura não é simétrica, assim como também não existe simetria na Terra, muito menos justiça ou piedade. Por que, nos perguntamos, aquela história foi gravada na pedra mil anos depois da queda de Troia? Porque o mito ainda fazia sentido para os gregos de então, contando sobre um mundo que não é perfeito, onde a decência e a inocência são traídas, onde os bons sofrem e o mal prospera, onde serpentes se esgueiram silenciosas. É um mundo em que nossas perguntas mais importantes ficam sem resposta, mas onde, se quisermos permanecer humanos, precisamos seguir perguntando até a morte.

SER UMA PESSOA CURIOSA

O exercício da razão não é simplesmente a resolução de velhos problemas. Também significa encontrar questões que ainda não foram identificadas. É aí que entra a curiosidade. Isso implica fazer a pergunta que não foi feita e apontar os desvios que ninguém viu ainda. Mas também significa se dispor a falar corajosamente o que se pensa. Existem pessoas que não querem que perguntas sejam feitas, ou não querem que anomalias sejam notadas. E quando elas são poderosas, ser curioso deixa de ser um exercício acadêmico e se transforma num ato de coragem.

Sócrates sabia disso quando rompeu a bolha anti-intelectual da pretensiosa elite de Atenas. E também pagou um preço por isso. No mundo atual, os cientistas e inventores são pagos para serem curiosos. Na verdade, os cientistas e inventores devem ser insaciavelmente curiosos e determinados, se quiserem ser bons. Mas uma sociedade criativa precisa de pessoas curiosas em todas as posições sociais porque, à medida que as coisas mudam, novas maneiras de agir são necessárias para aprimorá-las. Há 26 séculos, o filósofo Heráclito se referiu às mudanças constantes quando disse que "Não se pode entrar duas vezes no mesmo rio". Hoje, porém, a correnteza social flui ainda mais depressa, exigindo novas perguntas e respostas.

Nossas crianças se mostram curiosas, mas o regime educacional cedo reprime essa característica. Entretanto, caso se tornem emburradas e rebeldes ou estúpidas e submissas, de onde virão os contestadores de amanhã? Pais e professores têm o dever de manter vivos a curiosidade e o deslumbramento infantis não só nos próprios filhos e alunos como também em si mesmos. E, como cidadãos e consumidores, precisamos continuar a questionar o mundo, sempre exigindo saber por que a realidade é tão afastada do ideal.

CAPÍTULO 7

O sétimo pilar: O amor à liberdade

PARA OS GREGOS ANTIGOS, A LIBERDADE era tão necessária à vida quanto o ar que respiramos. Fazer perguntas vitais só é possível quando se é livre, pois o humanismo só prospera quando existe liberdade.

LUTANDO COM PROTEU

A liberdade, no entanto, não é algo que obtemos automaticamente. É preciso lutar por ela, como o relato a seguir deixa bem claro.

Um dos primeiros gregos a visitar o Egito foi Menelau, rei de Esparta e marido de Helena. Quando a Guerra de Troia acabou e os exércitos da Grécia estavam retornando, ele desembarcou no Egito. Homero não diz se o soberano chegou lá por acaso ou intencionalmente, mas relata que ele teve dificuldades ao sair do Egito por causa de uma calmaria perto da ilha de Faros, bem ao norte do delta do rio Nilo. Imagine a sensação de impotência que Menelau deve ter experimentado: o conquistador de Troia derrotado por um vento que nunca chegava.

Por ser um guerreiro devoto, ele concluiu que devia ter ofendido algum deus. No entanto, depois de tentar apaziguar todos os deuses dos quais se lembrou, foi ficando cada vez mais desanimado, pois nenhum vento surgiu.

Foi quando a ninfa Eidoteia, filha do Velho do Mar, Proteu, decidiu salvá-lo. Homero não explica por que ela teve pena de Menelau, mas conta que ela aconselhou o rei a armar uma emboscada para seu pai e obrigá-lo a revelar como sair dali.

Fazer Proteu falar, porém, não seria fácil, advertiu a filha. Ele podia se transformar em diferentes criaturas, ou até mesmo em água ou fogo flamejante. Mas Menelau não recuou diante dessa tarefa aparentemente impossível, afinal, além de rei, ele era um herói e não tinha muita escolha se quisesse voltar para casa. Assim, ele e alguns de seus companheiros de confiança se esconderam e esperaram Proteu vir à praia. Quando o Velho do Mar chegou, Menelau o capturou.

Como esperavam, o deus marinho se transformou primeiro num leão feroz, depois numa serpente assustadora, em seguida num ágil leopardo e finalmente num javali selvagem. Mas o rei não o soltou. Então Proteu virou água corrente, na tentativa de escorregar pelas mãos do herói, mas nem assim conseguiu. Por fim, se transformou numa árvore robusta, mas Menelau enlaçou firmemente o tronco e se recusou a largá-lo.

Afinal, como Eidoteia previra, Proteu voltou à sua forma original, exausto após tantas metamorfoses. Então Menelau o interrogou. O Velho do Mar lhe revelou que ele estava sendo mantido prisioneiro na ilha por ter deixado de fazer oferendas de gratidão aos deuses egípcios. Portanto ele deveria navegar de volta para o continente e fazer os devidos sacrifícios. Menelau seguiu a recomendação e só assim obteve a liberdade.

Somente com muita luta Menelau descobriu o segredo que o fez conquistar a liberdade. Não bastava fazer sacrifícios na ilha onde estava isolado: precisava voltar ao local onde agira de maneira errada, às praias que deixara para trás e esquecera. Somente se voltasse ao ponto de partida poderia reivindicar seu futuro e navegar ao encontro dele.

Para descobrir essa verdade, teve de agarrar firme o velho Proteu mesmo quando a realidade parecia se transformar diante de seus próprios olhos. Só então ele poderia ser livre.

Todos temos de nos reconciliar com nossas origens e lutar com o presente, por mais que haja mudanças, para que o futuro possa nos pertencer.

AS GUERRAS PERSAS

Além de Menelau, houve outros heróis gregos cuja luta pela liberdade se tornou lendária.

Em 490 a.C., a liberdade da própria Grécia foi ameaçada por um invasor estrangeiro, os persas, ou antigos iranianos, então senhores do maior império que o mundo já vira. Ávido por mais território, o rei persa desencadeou um ataque naval no litoral grego, num ponto não muito distante de Atenas.

Em vez de se esconderem atrás das muralhas da cidade, os atenienses marcharam com seus aliados para o local do desembarque. Sob o comando de um general chamado Miltíades, atacaram de surpresa o acampamento persa, sendo essa a primeira vez que os gregos desafiavam aquele povo numa batalha. Até então, a simples menção da palavra "persa" bastava para encher de medo os corações dos soldados gregos.

No embate, 192 atenienses morreram, mas 6.400 persas foram mortos, e assim a Grécia ganhou a batalha e a guerra. Os gregos triunfaram porque estavam defendendo sua terra natal contra um exército mercenário. Também saíram vitoriosos porque defendiam seu modo de viver. A derrota significaria serem escravizados por um rei tirânico. Só a vitória garantiria a liberdade.

Dez anos depois, porém, os persas atacaram novamente, dessa vez com uma força anfíbia composta de 3 milhões de homens. Em terra, os gregos estavam determinados a manter uma passagem estratégica num desfiladeiro chamado Termópilas. Esse local deveria ser guardado por um destacamento avançado de talvez 7 mil gregos sob o comando de um general espartano, o rei Leônidas. Os espartanos deveriam esperar os reforços lá. Antes que estes chegassem, um traidor grego mostrou aos persas como entrar no desfiladeiro pela retaguarda e emboscar os gregos em seu interior. Ao ver que a situação era desesperadora, Leônidas ordenou que a maioria dos homens recuasse, enquanto ele e 300 guerreiros veteranos defendiam a passagem, mesmo em esmagadora desvantagem numérica. Eles lutaram e morreram.

Quando a guerra terminou e os gregos finalmente derrotaram os persas, uma lápide foi erguida nas Termópilas para marcar o lugar onde os espartanos pereceram. Um simples epitáfio dizia:

Estrangeiro, diga aos espartanos
que mantivemos nossa posição e aqui jazemos,
obedientes ao último comando vindo de lá.

Nem todos os gregos, entretanto, lutaram pela liberdade. Muitos, acreditando que os persas seriam os inevitáveis vencedores, colaboraram com o inimigo – entre eles, o povo da cidade de Cária. No fim da guerra, em represália, a cidade foi sitiada e capturada, seus homens foram executados e as mulheres e crianças, escravizadas. Décadas depois, um templo, o Erecteion, foi construído na Acrópole de Atenas. No lugar das seis colunas de apoio do telhado, seis estátuas foram esculpidas em mármore para simbolizar as mulheres traidoras de Cária. As Cariátides, como eram chamadas, foram obrigadas a aguentar o peso do templo em suas cabeças como castigo perpétuo pela traição cometida. Igualmente pesado, achavam os gregos, deveria ser o castigo dos que eram covardes demais para arriscar a vida em defesa da liberdade.

Essa lição pode ser repetida em qualquer época, sobretudo quando muitos anos distanciam as pessoas dos sacrifícios históricos que tornaram possível o modo de viver que elas desfrutam.

O modo de viver dos atenienses do pós-guerra foi a democracia. Uma invenção grega, esse sistema de governo floresceu principalmente em Atenas graças às reformas constitucionais promulgadas durante o século anterior às Guerras Persas.

A liberdade está para o indivíduo assim como a democracia está para o Estado. Mas os atenienses foram bastante sensatos para reconhecer que liberdade e democracia, para de fato servirem à humanidade, precisam ser guiadas pelo autocontrole. A liberdade, afinal de contas, é simplesmente uma conjuntura, uma circunstância. O que fazemos com ela cabe a nós decidir. Ser livre pode tanto significar ser egoísta quanto se sacrificar em benefício dos outros. A escolha é nossa. Como Ícaro e suas asas presas com cera, podemos esbarrar nas nuvens ou perseguir o sol e morrer de um jeito ou de outro, ou podemos optar pelo meio-termo. Ser livre é ser responsável pela vida que escolhemos.

O que vale para o indivíduo vale para o Estado. Um linchamento, em última análise, é a mais pura forma de democracia em ação: a vontade da maioria. Mas nos é repugnante porque, por mais democrático que seja, contradiz abertamente certos princípios – o respeito à vida e à inviolabilidade do indivíduo, o respeito a um processo justo e às leis – que consideramos igualmente sagrados.

Como argumentou Platão depois da amarga experiência de ver seu mestre Sócrates ser morto, a democracia talvez seja o mais perigoso dos sistemas políticos, pois confia as decisões a uma maioria que pode facilmente mudar de opinião levada por emoções sórdidas.

Os atenienses eram humanos e, por isso mesmo, passíveis de falhas. No meio de sua expansão imperialista e da guerra com Esparta – que Atenas havia provocado –, eles construíram outro templo na Acrópole, dessa vez dedicado a Atena Nike Apteros. Nike significa "vitória", palavra que sobrevive hoje na marca de artigos esportivos. Apteros significa "sem asas". Como a deusa da vitória era normalmente representada *com* asas, não foi à toa que os atenienses construíram um templo para Nike *sem* asas, pois não queriam que a vitória voasse para longe e os deixasse. Assim, aquele era o Templo de Atena, a Deusa da Vitória Sem Asas.

O templo ficava situado no extremo oeste da Acrópole, bem na borda, como uma gaiola de passarinho feita de mármore. Mas a deusa da vitória não permaneceu lá dentro por muito tempo. Foi embora quando os atenienses ficaram exultantes com a vitória sobre a Pérsia.

Os gregos aprenderam a duras penas que não é quando estamos fracos que somos mais vulneráveis, mas quando estamos fortes. Nessas ocasiões, há uma tendência maior para cometermos atos arrogantes, para tentarmos fazer mais do que podemos, nos tornando agentes de destruição. A democracia, sobretudo a materialmente bem-sucedida, carrega em si as sementes da própria destruição. Mas é da natureza humana ter aspirações, desejar a grandeza. Ironicamente, esse é o nosso talento especial e se não o exercêssemos, deixaríamos de ser humanos.

Uma outra imagem da Vitória, dessa vez alada, perdura como uma das obras mais dinamicamente dramáticas da história da escultura grega: a Vitória de Samotrácia, criada em celebração à vitória naval da Grécia sobre a Síria por volta de 190 a.C., uma estátua de 2,5 metros que hoje se encontra no Museu do Louvre, em Paris. A Vitória é representada pousando na proa de um navio. Está voltada para o mar, o torso projetado para a frente, o vento soprando em sua túnica ondulante e agitando suas asas de mármore. Só lhe falta a cabeça, mas o restante do corpo ainda existe, desafiando os estragos do tempo, enfrentando uma ventania antiga, testemunha de que a vitória final é realmente possível. Apesar das inúmeras falhas que cometemos, precisamos continuar nosso combate, temos de continuar a voar rumo ao sucesso.

Para os gregos antigos, que amavam a vida com tanta paixão, a maior de suas vitórias teria sido sobre a morte, pois assim ficariam livres de seu jugo inflexível. Por isso, entre os gregos, o amor à liberdade se estendeu para além-túmulo.

Os antigos tinham, basicamente, de reconhecer o poder maior da morte. Mas seu desejo insatisfeito pela vida eterna se manifestou de formas diversas: através da criação da literatura e da arte, como instrumentos por meio dos quais seus espíritos pudessem perdurar, e através de atos de coragem, que preservariam seus nomes na memória de seus compatriotas. O desafio à morte também inspirou narrativas míticas nas quais deuses ou heróis tentavam bravamente libertar das garras da morte aqueles que amavam.

A libertação de Perséfone

Nos limites do mundo, junto ao grande rio que rodeia a Terra, fica uma região além do nascer e do pôr do sol, um lugar onde não existe outro tempo a não ser a eternidade. Um dia todas as almas devem ir para essa planície coberta de uma fina bruma cinzenta, pois ali é a entrada do reino subterrâneo dos mortos.

Há muito tempo, Zeus derrotou os Titãs e ele e seus irmãos dividiram entre si o mundo que deveriam governar. O rei dos deuses escolheu o céu, ao passo que Poseidon preferiu o mar e suas ondas. Cada um deles teria a companhia de criaturas vivas, tanto de mortais como de imortais. Mas Hades, enganado por seus companheiros, recebeu apenas a terra dos mortos. Em seu reino, nada mudava nem crescia, era um lugar de formas sem substância. As mãos se estendiam, mas nada sentiam. Os braços se fechavam, mas nada abraçavam. O destino de Hades seria governar na solidão escura por toda a eternidade.

Às vezes, quando o peso da solidão era grande demais, ele subia em sua carruagem, puxada por quatro corcéis negros, e percorria os abismos sinuosos que o levavam à superfície da Terra.

Assim que saía, fechava os olhos e sentia o esplendor do sol em seu rosto, depois ousava abri-los para absorver a beleza proibida da Terra, seus campos dourados de trigo e prados floridos. Naquele tempo, a Terra vivia num eterno verão. Entretanto, Hades era sempre obrigado a voltar para seu reino sombrio.

Num desses passeios, quando sua carruagem disparava pela paisagem ensolarada, ele viu uma jovem solitária parada num campo. Seu cabelo comprido era louro como o trigo e flutuava, ondulando ao vento suave. Hades desejou tomar a moça nos braços, unir sua solidão à dela, sentir-se vivo novamente, como havia tanto tempo não se sentia, desde antes de se tornar o rei dos mortos.

Hades voltou ao mesmo lugar muitas outras vezes na esperança de revê-la. E, a cada vez, ficava mais difícil guiar os cavalos de volta para seu reino vazio. Finalmente, um dia, ao reencontrá-la, seu desejo era tamanho que ele não se conteve mais. Chicoteou os cavalos, fazendo-os disparar campo afora. Agarrando a moça com a força de seus braços, mergulhou num dos fundos abismos e sumiu da Terra.

Mas a criatura que Hades raptara não era uma simples mortal. Era filha de Deméter. Quando descobriu que a jovem se fora, a deusa procurou por ela. Não a encontrando durante o dia, passou a noite a procurá-la, mas de nada adiantou. Parecia que Perséfone tinha desaparecido da face da Terra. Deméter então concluiu que somente um deus poderia ter feito tal coisa.

Determinada a reaver a filha, resolveu usar o único poder divino que lhe pertencia, o da fertilidade. Decidiu suspender a dádiva que concedia à terra enquanto a filha não voltasse.

Até então, o mundo estivera num verão perene, mas naquela ocasião, pela primeira vez, a vegetação começou a murchar e os ventos frios do outono varreram a terra. A humanidade, que nunca passara necessidade, começou a padecer de fome e a morrer. Os próprios deuses ficaram apreensivos, receando que seus altares fossem privados de sacrifícios ou até mesmo que não restasse nenhum mortal para fazer-lhes oferendas.

Finalmente, Zeus percebeu que precisava agir para restabelecer a ordem. Ciente do segredo do irmão, ordenou que Hades devolvesse a filha de Deméter. O deus do mundo subterrâneo não queria desistir da moça e sabia que havia um jeito de mantê-la consigo, apesar da ordem de Zeus. Durante todos os dias em que a manteve presa, ofereceu alimento a Perséfone, pois quando uma alma partilha comida na terra dos mortos, passa a fazer companhia a eles para sempre. A princípio ela recusava, mas acabou aceitando. Daquele dia em diante, nunca mais se livraria do poder de Hades.

Quando Zeus soube o que o irmão fizera, ficou enfurecido, porque além de tudo ainda teria que acalmar a deusa da fertilidade. Por fim, conseguiu um acordo. Perséfone ficaria com Hades, mas só durante a metade de cada ano. O restante do tempo ela passaria com a mãe.

Esse acordo explica as estações do ano. Quando Perséfone volta para a mãe, a vida retorna à Terra – época da primavera e do verão. Mas quando ela se despede da mãe para ir ao encontro de Hades, vêm o outono e o inverno.

No início, Perséfone encarava sua temporada no reino subterrâneo de Hades como uma prisão e ansiava por retornar à brilhante superfície da Terra. Entretanto, todas as vezes que se preparava para partir, via Hades chorar e, sempre que voltava para o reino subterrâneo, via a alegria em seu rosto. Logo percebeu que não estava abandonando o verão quando deixava a superfície, pois trazia consigo o seu calor radiante para o mundo dele. E, ao voltar para aquele mundo sombrio, ela se tornou o que nunca poderia ter sido na Terra: para Hades, Perséfone era tudo, era a própria vida.

Hades, por sua vez, acabou conhecendo uma nova Perséfone. Primeiro, a moça havia sido propriedade sua. Com o tempo, ao ver as lágrimas brotarem dos olhos dela, passou a conhecê-la mais profundamente e a amá-la. Cada vez menos a calorosa acolhida de Deméter fazia Perséfone esquecer o homem que deixara para trás. E ela sentia cada vez mais pena ao se despedir de Hades, ansiando por voltar para perto dele mesmo durante suas temporadas ao sol.

Foi assim que o poder de Afrodite realizou um milagre nas trevas, um milagre que a própria deusa da paixão não previra: o amor surgiu mesmo na presença da morte.

O RESGATE DE EURÍDICE

Hades levou a linda Perséfone da terra dos vivos para a dos mortos a fim de que ela se tornasse sua noiva, mas houve quem tentasse resgatar a amada do reino de Hades e devolvê-la à vida: Orfeu.

Músico talentoso, nunca se viu outro igual na Terra, nem antes nem depois dele. Suas melodias, quando tocadas nos bosques, faziam árvores distantes arrancarem as raízes e saírem andando para que as folhas escutassem melhor. Até as pedras se moviam, arrastando-se devagar pela terra, atraídas pela beleza dos sons que ele tirava das cordas de sua lira. Orfeu estava acostumado com a magia, pois tocava como um mago e via os outros se curvarem à sua vontade. Sua habilidade para comover e persuadir logo seria posta à prova como jamais fora.

Não admira que a bela Eurídice tivesse se apaixonado por ele, pois sucumbira à sua música e ansiava por passar a vida inteira ao lado dele escutando-o tocar. Todas as mulheres a invejavam por conhecer Orfeu, o músico, criador dos sons mais sublimes do mundo.

Ele não apenas compunha canções para a jovem, como sua própria vida juntos parecia ter se transformado numa composição escrita por ele, a harmonia feita de seus sentimentos entrelaçados. Orfeu e Eurídice, Eurídice e Orfeu – quem seria a melodia e quem seria a harmonia?

Foi o próprio Orfeu que tocou no casamento deles, uma cerimônia ao ar livre em que todos se reuniram para ouvi-los pronunciar os juramentos. Até as criaturas da natureza compareceram.

Mas quando Eurídice se aproximava de Orfeu caminhando pela grama alta da margem do rio, uma serpente – quieta, invisível, sutil como a música que ele tocava – mordeu o tornozelo dela.

A princípio, a mordida pareceu tão inocente, uma leve picada, mas o veneno logo correu silenciosamente pelas veias de Eurídice e ela sentiu uma fraqueza, desmaiando nos braços do noivo. Orfeu deixou a lira cair e as cordas do instrumento emitiram um som dissonante e inusitado. Depois, tudo se calou.

Dizem que ele chorou pela amada, ajoelhado junto de seu corpo inerte, apanhando ocasionalmente a lira para tocar mais uma vez as canções que a comoviam, que já tinham comovido até árvores e pedras. Mas nada, nenhuma melodia a despertou. Diante da morte, a música de Orfeu não tinha qualquer poder.

Ele permaneceu no mesmo lugar muito tempo depois de a família ter levado e enterrado o corpo de Eurídice. Tocou e cantou a mesma canção, mesmo depois de todos terem ido embora. Logo, até os galhos das árvores pareceram se recolher, as pedras foram se afastando aos poucos, e Orfeu ficou sozinho escutando o próprio canto.

Ao amanhecer, a lira estava jogada no meio da relva, a brisa soprando nas cordas, fazendo-as ressoar baixinho. Era como se as folhas do capim se curvassem para ouvir o leve som.

Naquela noite, ele pensou pela primeira vez na longa e terrível viagem ao reino dos mortos, a jornada que é impossível fazer enquanto estamos vivos, mas que se torna tão fácil quando deixamos de viver, já que nossa alma sabe como chegar lá.

Reza a lenda que, com uma nova lira, ele foi tocando pelo caminho, sempre rumo ao oeste, onde o sol se põe, até a entrada dos domínios de Hades.

Os que o ouviam diziam que Orfeu não mudara e que realmente tirara da cabeça o nome de Eurídice. Afinal, tinham se conhecido havia pouco tempo e nunca tiveram uma vida em comum, como marido e mulher. A vida a dois se resumia a promessas feitas porém nunca cumpridas e, como uma das pessoas que as fizera estava morta, esses compromissos podiam ser levados pela correnteza do Lete, o rio do esquecimento.

Só quando a plateia pedia que ele tocasse a canção de que Eurídice mais gostava, a que compusera para ela, é que Orfeu parecia hesitar. Quando afinal começava a tocá-la, fazia todos chorarem, até quem nunca tinha escutado o nome dela antes.

Ele levou mais de um ano para chegar à terra dos cimérios, que moravam no fim do mundo. A região era remota e vazia, por isso artistas itinerantes raramente iam até lá, mas Orfeu foi porque soube que nas proximidades existia uma entrada para a terra dos mortos. Um homem surdo lhe mostrou o caminho para a entrada da caverna, pois conseguiu ler nos olhos de Orfeu o triste intento de sua viagem. Daquele local, o chão escuro descia abruptamente para as trevas, depois mergulhava em círculos cada vez mais profundos na noite negra.

Por dias a fio, Orfeu caminhou na escuridão, tropeçando e tateando, ajudado apenas pela inclinação do solo rochoso, que o levava quase involuntariamente para baixo. Parecia que suas pernas tinham vontade própria, deixando sua mente livre para pensar no escuro, para se concentrar num só pensamento – Eurídice –, a fim de evocar a lembrança do rosto da amada, dos seios, do cheiro da pele dela junto à dele.

Então ele escutou o ruído de água corrente que batia nas pedras ao longe ecoar pelo túnel e soube que estava perto do rio Aqueronte, que separava a terra dos vivos da dos mortos.

De início Orfeu não conseguiu vê-lo, pois a criatura estava agachada atrás de um barco em meio à leve penumbra. Era Caronte, o barqueiro dos espíritos. Antes de percebê-lo na semiescuridão, Caronte ouvira Orfeu se aproximando, pois os passos dos que normalmente vinham por aquele caminho nunca eram ouvidos, já que todos eram espíritos.

Orfeu pediu para atravessar o rio. Como o homem estava vivo, Caronte ficou assustado demais para recusar. Quando o músico entrou no barco, o casco afundou e um pouco da água fétida respingou no interior. O barqueiro então praguejou e resmungou, pois seus passageiros espectrais eram leves e nunca faziam o barco afundar tanto, nem o obrigavam a empurrá-lo com tanta força.

À medida que Caronte impelia o barco em meio à névoa, Orfeu achava que sentia o perfume de Eurídice e pediu ao barqueiro que se apressasse. Mal começara, a rápida travessia terminou e o barco chegou a uma espécie de margem afastada. Caronte se limitou a apontar para uma caverna e Orfeu, como se já tivesse estado naquele lugar antes, compreendeu sem dizer nada.

Caminhando na bruma, distinguia aglomerados de formas humanas e ouvia murmúrios. Algumas das figuras pareciam apontar para ele e recuar com medo. Às vezes achava que ouvira seu nome, mas não tinha certeza. Fato e realidade eram sugados pela névoa, onde pareciam se dissolver.

O Hades não é nem céu nem inferno, mas uma região intermediária que, como os torvelinhos da névoa insubstancial, está em toda parte. Silenciosa, a névoa preenche o vazio.

De um lado e de outro, conforme ia andando, Orfeu notava espaços abertos com alguns indivíduos que pareciam estar em palcos sem plateia. Esses eram locais de tortura para aqueles que haviam pecado contra os deuses: os pecadores Sísifo, Tício e Tântalo.

Ele viu Sísifo esforçando-se em empurrar a enorme pedra monte acima, centímetro por centímetro, para, quase chegando ao topo, vê-la escorregar e cair outra vez, voltando ao ponto de onde teria de recomeçar a empurrá-la, como já fizera uma eternidade de vezes antes. Orfeu se lembrou de ter ouvido histórias em que o monte era uma grande colina ou montanha. No entanto, parecia bem menor, um simples monte de terra. Mesmo com todo o seu esforço, Sísifo se mostrava indiferente ao lugar onde estava e ao que estava fazendo.

Tício, por sua vez, se contorcia no chão, mas não porque estivesse preso a uma corda com um abutre permanentemente bicando seu fígado, mas porque alguma insatisfação ou um sofrimento invisível devorava sua carne, uma fome que jamais poderia ser saciada. Orfeu não via grilhões, mas a tortura de Tício não parecia menos real por isso. Ou quem sabe fosse ainda mais terrível porque tinha origem no seu interior, em correntes das quais nunca se libertaria.

E Orfeu viu Tântalo de pé, numa poça de água sob a sombra de galhos repletos de frutos. A cada vez que estendia a mão, o vento afastava os galhos dele. E a cada vez que ele se abaixava para beber, o nível da água diminuía.

Mas os frutos e a água não eram como os das histórias de que Orfeu tinha ouvido falar. Ele se admirava de como alguém podia desejar tanto uma fruta sem viço e que parecia podre mesmo sendo fresca, tendo amadurecido na escuridão do reino de Hades. E ficava impressionado com o fato de Tântalo querer aquela água, tão asquerosa e turva quanto a do rio Aqueronte, que ele atravessara. Ou seriam sua fome e sua sede que tornavam desejáveis todas as coisas, até as que estavam mortas, e portanto para outros seriam no mínimo repugnantes?

De repente, em seu devaneio, pensando que todos os poetas tinham mentido – e que até Homero, talvez sem nunca ter visto ou sem ousar relatar com franqueza a verdade banal que estava por trás de lendas reverenciadas por gerações inteiras –, Orfeu tropeçou nos próprios pés e, ao se levantar, vislumbrou um lampejo de ébano dourado, a cintilação de pernas e braços polidos de dois tronos, e neles as formas de dois vultos sentados. Percebeu, então, com um calafrio que lhe percorreu o corpo, que se encontrava na presença dos dois soberanos da morte, o temível Hades, senhor de todos os espectros, e Perséfone.

Hades foi o primeiro a falar, mas, enquanto as palavras saíam de sua boca, Orfeu continuava a olhar para Perséfone. Ela desviara o rosto, coberto por uma escuridão que lhe ocultava quase todos os traços. Mechas de cabelo caíam por sua face.

– Os mortos, os *mortos* – exclamou Hades, como se quisesse reconquistar a atenção dele – *não podem* ser devolvidos. Por mais excepcional que seja, sua viagem foi simplesmente inútil. Volte agora por onde veio!

O tempo todo, Perséfone mantinha o rosto virado. E a voz de Hades soava estranhamente familiar a Orfeu.

– Se a minha viagem foi inútil, Hades – respondeu Orfeu –, então por que permitiram que eu viesse? Embora muitas almas tenham feito essa viagem antes, nunca alguém vivo veio até aqui. Sonhei vir aqui para pedir a volta daquela que amo, para suplicar pela vida de Eurídice. Um dia ela voltará ao seu reino. No fim, todos têm que se submeter ao seu poder soberano. Deixe que ela viva comigo apenas mais um pouco. Qualquer vida, mesmo a mais longa, seria curta se comparada à eternidade que nossas almas vão ter de suportar em seu reino. Vai me negar esse pequeno favor?

– Aqui é o *meu* reino, e posso negar o que eu quiser – retrucou o deus com frieza. – Mas que objeto é esse que você está segurando?

Ao ouvir a pergunta de Hades, Orfeu viu a lira que tocava quando Eurídice ainda estava viva. Para seu espanto, o instrumento se encontrava outra vez em sua mão.

– Você é músico, não é? – perguntou o deus. – Quase não se escuta música por aqui. Antes de voltar, toque algo para nós.

Só então Orfeu viu o rosto da rainha, ainda oculto pelas sombras, virar-se ligeiramente em sua direção e notou que a mão dela se mexeu. E então começou a tocar e cantar, e em seu canto louvou não a Eurídice que amava, mas o mundo que ela deixara para trás, ensolarado e quente, verdejante e florido, o mundo em que o outono começava apenas naquele momento. Ele cantou em louvor às colheitas abandonadas, à juventude perdida e às promessas não realizadas.

Ao tocar a última nota, viu lágrimas rolando no rosto de Perséfone, a rainha da morte que ao fim de todos os verões renunciava à vida para descer ao mundo escuro de seu consorte. Ela se virou para Hades, e este também viu as lágrimas escorrerem daqueles olhos que um dia tinham conhecido o verão eterno, mas que agora o viam morrer ano após ano.

O rei dos mortos então falou:

– Vou fazer esta exceção – disse. – Você pode ter Eurídice de volta, mas sob uma condição: para retornar à região da luz, ela terá de andar atrás de você, seguindo-o ao longo do caminho. Você não poderá olhar para trás enquanto caminhar. Se fizer isso, ela desaparecerá para sempre. Ela está atrás de você neste momento. Agora, vá!

Orfeu não sabia se poderia confiar em Hades, mas não tinha escolha. Começou a andar, em dúvida se Eurídice o estaria mesmo seguindo. Esforçava-se para ouvir os passos dela, mas não conseguia. Nem podia falar com ela, pois Eurídice ainda era um espectro e não poderia responder. Caminhava devagar, receando que ela o perdesse de vista no escuro, imaginando se a amada de fato estaria ali, se teria estado ali desde o início. Sem saber mais o que fazer, Orfeu entoou as canções de quando ela estava viva, só que dessa vez hesitante, pois temia que ela não o ouvisse.

A distância, finalmente avistou a figura de Caronte, o barqueiro dos mortos. Ele já avistara Orfeu e, quando este se aproximou, nem mesmo levantou a cabeça. Por que não se surpreendia ao ver Eurídice, um fantasma prestes a sair do reino dos mortos? Seria porque ela não estava mesmo ali? A voz e o amor de Orfeu não tinham bastado para trazê-la de volta à vida?

Ele não conseguiu se conter e se virou. Então a viu novamente, fitou os olhos dela, a mão estendida na direção dele. Orfeu estendeu a dele tentando segurá-la e levá-la para o barco. Nesse momento, porém, ela pareceu recuar, como se fosse arrastada contra a vontade para as trevas de onde tinham vindo.

Orfeu gritou, procurando a mão de Eurídice na escuridão, chamando seu nome, mas era tarde demais para salvá-la. Era muito tarde para ser livre. Ele aprendeu o que todos temos de aprender: que querer algo que perdemos não basta para recuperar o que foi perdido, mesmo quando se deseja isso do fundo do coração.

O SACRIFÍCIO DE ALCESTE

A história de Alceste trata de sacrifício pessoal: uma mulher que amou tanto o marido que renunciou à vida por ele. Mas também é a história de Admeto, o marido, que aceitou essa dádiva que ela lhe fez.

O deus Apolo concedera uma bênção especial a Admeto. No dia em que ele estava destinado a morrer, poderia continuar vivendo caso encontrasse alguém disposto a morrer em seu lugar. Todos tinham recusado, até seu pai e sua mãe. Só sua mulher, Alceste, concordara em dar sua vida pela dele. Então a Morte aparecera para reclamar sua vítima.

Em seu leito de morte, Alceste pede que Admeto jure que não se casará com outra depois que ela morrer. Ele concorda, desejando ter os poderes de Orfeu para conduzi-la de volta do reino de Hades.

Durante o funeral, um hóspede inesperado chega ao palácio: Hércules. Não querendo incomodá-lo com seu sofrimento, Admeto não conta a Hércules que a mulher morrera. No entanto, o herói acaba tomando conhecimento do fato e elabora um plano: vai alcançar a Morte no caminho e lutar com ela pela alma de Alceste.

Hércules subjuga a Morte no túmulo de Alceste, liberta a mulher e volta com ela, que trazia o rosto coberto com um véu, para o palácio de Admeto.

Enquanto isso, Admeto reconhece como foi covarde em deixar alguém morrer em seu lugar. Salvara a própria vida, mas o preço que pagara fora a própria honra. Era como se ele já estivesse morto.

Então Hércules aparece, trazendo a mulher com o véu, e diz:

– Conquistei-a numa luta. Fique com ela até eu voltar.

Primeiro, Admeto recusa, depois segura a mão da mulher e, ao entrever o rosto dela, percebe que é a esposa, milagrosamente de volta. Fica exultante e agradece a Hércules por salvá-la. Alceste, porém, está calada. Não pode falar antes que se passem três dias e a mancha da morte desapareça.

Mas a mancha moral de Admeto nunca irá sumir. Ele deixou outra pessoa morrer em seu lugar e, apesar da promessa feita à esposa moribunda, recebeu outra mulher em sua casa no mesmo dia em que ela havia sido enterrada.

Para os gregos, o problema do pecado era que ele nunca podia ser completamente eliminado. Como a tragédia, é algo que está entremeado em nosso caráter. Não podemos fugir nem ficar livres dele, da mesma forma que não podemos escapar de nós mesmos.

LIÇÕES MORTAIS

Essas histórias nos mostram que o amor e a morte estão entrelaçados e que só podemos ser livres quando aceitamos os dois. Mais do que celebrar o triunfo sobre a morte, esses mitos enfatizam a raridade desse êxito. Por reconhecerem isso, os gregos antigos valorizavam ainda mais a liberdade durante a vida. Consequentemente, reconhecer que a morte é inexorável pode nos fazer levar a vida com mais paixão e intensidade. Ironicamente, a maior dádiva que a morte nos concede pode ser a percepção libertadora do valor da vida.

O AMOR À LIBERDADE

Um dos maiores legados que os gregos antigos nos deixaram foi a democracia. Mas esse é um presente que se perde com facilidade, pois os valores democráticos muitas vezes são deturpados pela vontade popular até a democracia em si se transformar numa casca vazia.

Amar a liberdade significa protegê-la, mas seus benefícios, assim como os da democracia, são facilmente negligenciados. Como o ar, costuma-se considerar a liberdade que respiramos algo garantido, até o nível de poluentes aumentar tanto que passe a exigir medidas de emergência, que podem ser adotadas tarde demais.

A liberdade do Estado é simplesmente uma versão macrocósmica da liberdade do indivíduo. Ser livre é ter independência para poder fazer tudo ou não fazer nada. Na visão dos gregos, a liberdade não é autojustificativa, mas apenas uma condição – o que fazemos com ela é que conta. Portanto, a liberdade que desfrutamos como indivíduos vem com uma obrigação implícita, a de exercê-la de modo responsável para nosso próprio benefício e para o dos outros.

Somos livres para ser civilizados como os lápitas ou bárbaros como os centauros. Cabe a nós escolher. Para fazer do amor à liberdade uma parte de nossa vida diária, precisamos reconhecer que ela é um bem precioso e que nos proporciona uma grande oportunidade para obter realização pessoal, ao mesmo tempo contribuindo para o bem-estar dos outros.

CAPÍTULO 8

O oitavo pilar: O individualismo

O OITAVO E ÚLTIMO PILAR DA SABEDORIA GREGA é o individualismo, que é ter orgulho de nossa singularidade como seres humanos e de nossa capacidade pessoal para realizar grandes coisas. Se não cuidarmos de nossa realização como indivíduos, o sentido pleno da palavra liberdade nunca será compreendido.

INDIVÍDUO E ESTADO

Ao contrário das sociedades do antigo Oriente Médio, para as quais o indivíduo era subordinado ao Estado, a civilização grega antiga dava mais importância ao indivíduo. As virtudes mais valorizadas no Egito e na Mesopotâmia eram a obediência e a humildade. Já na Grécia, eram o orgulho e a realização pessoal.

A importância do indivíduo é evidente nas obras mais antigas da literatura grega, como a *Ilíada* e a *Odisseia*, de Homero, em que o herói individual é o tema do poeta épico. Para um povo que não possuía um livro sagrado de origem divina, esses poemas épicos durante séculos serviram como fonte de orientação espiritual e inspiração humanística muito depois de a era de conflitos que descreviam ter desaparecido da história. As crianças gregas os decoravam e os guardavam na memória para a vida adulta.

A importância que os cidadãos daquele país atribuíam ao indivíduo também se comprova na instituição da democracia, uma invenção grega. Ela está baseada na fé na responsabilidade individual e na confiança no julgamento individual. O julgamento por júri formado pelos próprios cidadãos é outra invenção grega fundamentada na mesma premissa (que, a propósito, foi formulada quase 2 mil anos antes a partir de um conceito semelhante, o da Magna Carta inglesa).

Dar primazia ao indivíduo, porém, não significava desdenhar o Estado. Os gregos antigos levavam a cidadania a sério porque tinham grande consideração pelo conceito de comunidade, reverenciavam suas leis como um filho respeita os pais e viam a comunidade como a responsável por criar e educar a pessoa. Quem deixasse de fazê-lo era um *idiotés*, "pessoa preocupada apenas com seus próprios assuntos", palavra que deu origem ao termo "idiota".

O conceito de individualismo estava enraizado na história da comunidade grega. A palavra que designava comunidade era *polis*, da qual deriva a "política". Uma *polis* era uma cidade-estado autoconfiante e autossuficiente economicamente, constituída de um núcleo urbano cercado por uma área rural. A geografia da Grécia, feita de vales encravados em montanhas e ilhas isoladas, deu origem ao sistema de cidades-estado independentes, ao contrário das lisas planícies aluviais do Egito e da Mesopotâmia, que contribuíram para o surgimento de nações monolíticas. Essas características geográficas, portanto, foram cruciais para a formação de sua psicologia social.

UMA TERRA DE HERÓIS

O conceito grego de indivíduo não era estático, e sim dinâmico. O humanismo podia ser uma realidade, mas implicava a busca da excelência como sua justificativa e o individualismo como seu exemplo. Portanto, um herói era uma obra em andamento, continuamente empenhado em alguma coisa, buscando, encontrando e não desistindo. É claro que nem *todos* os gregos eram heróis, mas eles *tinham* heróis, aqueles indivíduos cujas proezas extraordinárias os incentivavam a ser mais do que seriam se tais modelos não existissem. Esses heróis não eram perfeitos: todos tinham falhas. Mas era isso que os tornava verossímeis e cativava a imaginação. Uma civilização que não possui heróis é empobrecida, não porque não tenha passado, mas porque não tem futuro.

Já que o individualismo desempenhava um papel tão importante na vida da Grécia Antiga, nada mais natural que ocupasse também um lugar de destaque em sua mitologia. E de fato ocupava. Histórias míticas costumam tratar de monstros e missões. Os dois estão, é claro, inter-relacionados, como bem sabiam os gregos. Para atingir nossos objetivos, temos que triunfar sobre nossos medos. Cada herói necessita de uma missão, porque é a missão que faz o herói. Não precisamos nos preocupar, portanto, com o fato de não sermos heróis, pois isso é algo em que nos transformamos.

OS DENTES DO DRAGÃO

Cadmo, um príncipe fenício, viajou para a Grécia a fim de procurar sua irmã Europa, que tinha sido raptada por Zeus.

Orientado pelo oráculo de Delfos a seguir uma vaca e construir uma cidade onde o animal se deitasse, Cadmo chegou ao lugar onde Tebas seria fundada. Enquanto se preparava para sacrificar a vaca, mandou seus homens buscarem água numa nascente próxima sem saber que o local era guardado por um dragão. Este matou os homens de Cadmo e ele, por sua vez, cheio de coragem, matou o dragão. Seguindo o conselho de Atena, arrancou os dentes do animal e enterrou-os no chão como se fossem sementes. Então, de cada um deles brotou um guerreiro armado. Antes que os guerreiros pudessem atacá-lo, Cadmo lançou pedras no meio deles. Achando que estavam sendo atacados por um de seus companheiros, os guerreiros sacaram as espadas e acabaram se matando uns aos outros, com exceção de cinco que Cadmo recrutou para ajudá-lo a fundar a nova cidade.

Os olhos da Medusa

Embora seu pai fosse Zeus, Perseu foi criado como um pobre pescador depois que ele e sua mãe foram abandonados à deriva no mar e acabaram lançados à praia de uma pequena ilha. Quando o rei da ilha exigiu que a mãe de Perseu se casasse com ele, o rapaz saiu numa missão a fim de protegê-la da crueldade do rei. Sua tarefa era trazer a cabeça da Medusa, um monstro de cujos cabelos saíam serpentes. Quem fitasse os olhos dela seria transformado em pedra.

Ao entrar no esconderijo do monstro, Perseu deparou com estátuas de pedra que representavam guerreiros com as espadas desembainhadas. Examinando-os de perto, descobriu que se tratava de homens petrificados, que tinham tentado matar a Medusa, porém foram transformados em pedra por seu olhar penetrante.

A Medusa estava sentada de costas para ele. Era a oportunidade que Perseu esperava. Mas se ela o ouvisse e se virasse, certamente o atacaria. Caso seus olhares se encontrassem, ele se transformaria instantaneamente em mais uma estátua de seu museu humano.

Sorrateiramente, Perseu esgueirou-se por trás dela, nunca olhando-a direto, mas observando seu reflexo na superfície polida do metal de seu escudo. Quando se aproximou o suficiente, levantou a espada e a golpeou com toda a força. Ouviu-se um barulho e a cabeça do monstro tombou de cima dos ombros, rolando pelo chão, as serpentes se contorcendo na agonia da morte até ficarem imóveis.

Com medo de encarar os olhos mortos da Medusa, Perseu desviou o rosto, estendeu a mão para agarrar a cabeleira e a jogou em uma sacola de couro que levara para isso. Ao chegar em casa, o rei pediu para ver seu "presente de casamento". Perseu então tirou a cabeça da Medusa da sacola e a mostrou a seu inimigo, que se transformou em pedra no mesmo instante.

Enfrentar alguns monstros, ao que tudo indica, não significa necessariamente olhá-los direto nos olhos. Com astúcia e coragem, eles podem ser exterminados. Perseu manifestou o corajoso individualismo que existia latente dentro dele ao superar seu medo.

O VELOCINO DE OURO

Para Jasão, o prêmio a ser conquistado não era a cabeça de um monstro nem os dentes de um dragão. Um tio malvado, desejando vê-lo morto, lhe mandou pegar o Velocino de Ouro, que estava pendurado num carvalho sagrado. Para obtê-lo, Jasão tinha de navegar até o fim do mundo conhecido, passando por provas e tentações no caminho.

A fim de alcançar a Cólquida, a terra do Velocino de Ouro, Jasão tinha de atravessar o mar Negro. Então mandou construir um navio especial, que chamou de *Argo*, em homenagem ao homem que o projetara, Argos. Mas ainda lhe faltava uma tripulação pronta para enfrentar aventuras. Responderam ao seu chamado figuras míticas como Hércules, o músico Orfeu, Admeto – o marido de Alceste – e Peleu, pai de Aquiles. Eles ficaram conhecidos como os Argonautas.

Na viagem para a Cólquida, nenhum obstáculo envolvia mais riscos do que a passagem pelas Simplégades, ou "rochas entrechocantes", um conjunto de promontórios que guardavam a entrada do mar Negro. Os rochedos eram móveis e esmagavam tudo o que passava entre eles. Jasão fez uma experiência e soltou uma pomba, que passou voando pelo estreito e perdeu somente uma pena da cauda. Se a pomba conseguia, ponderou ele, um navio rápido também passaria. Com a ajuda de Atena, a embarcação de fato conseguiu passar, perdendo apenas a bandeirola da proa.

Aetes, o rei da Cólquida, não ficou satisfeito com a chegada desses hóspedes inesperados porque um oráculo avisara que ele tivesse cuidado com estranhos. Mas Jasão e os Argonautas encontraram uma aliada na filha do rei, Medeia, que se apaixonou por Jasão assim que o viu.

O pai dela definiu as regras: Jasão teria de unir uma parelha de bois que soltavam fogo pelas ventas, arar um campo e semear nele as presas de um dragão que o herói Cadmo matara. As presas estavam disponíveis e o ardil eram os soldados armados que surgiriam do solo sempre que uma delas fosse semeada – soldados que deveriam ser mortos. Naturalmente, Aetes presumiu que Jasão nunca passaria no teste, e o próprio Jasão tinha dúvidas, mas a tarefa precisava ser cumprida.

Medeia ajudou fornecendo uma pomada mágica para proteger a pele dele do fogo produzido pela respiração dos bois. Jasão, por sua vez, prometeu levá-la consigo e se casar com ela caso o plano fosse bem-sucedido.

E Jasão conseguiu resistir ao fogo. Lutou e derrubou os bois, emparelhou-os como fora exigido e em seguida se pôs a semear as presas de dragão. Como previsto, um guerreiro todo armado surgiu de cada semente. Para confundi-los, Jasão fez o mesmo que Cadmo havia feito: arremessou uma enorme pedra no meio deles. Cada um dos guerreiros supôs que o outro jogara a pedra e todos começaram então a lutar entre si até a morte. Enquanto isso, outros guerreiros foram brotando do chão. Sem perder tempo, Jasão avançou com sua espada e acabou com eles.

O Velocino era dele. Pelo menos *seria*, caso Aetes tivesse cumprido sua parte no trato. Mas o rei desconfiou de que tivesse havido fraude e Medeia, temendo o que o pai ainda poderia fazer, decidiu que ela própria levaria Jasão ao local onde estava o Velocino. Este era guardado por um dragão, mas Medeia, sendo feiticeira, usou uma poção mágica para fazê-lo dormir.

Com o Velocino na mão e Medeia a seu lado, Jasão embarcou no *Argo* com sua tripulação e zarpou para casa. O restante da história já foi contado no Capítulo 5. Jasão acabou abandonando Medeia e os filhos que teve com ela, e a mulher se vingou cruelmente.

O fracasso do sucesso

A história de Jasão ilustra, como todas as narrativas heroicas, os méritos do individualismo, mas também aponta suas limitações. Em primeiro lugar, Jasão nunca teria cumprido sua missão sem ajuda – dos Argonautas e sobretudo de Medeia. Apesar de parecerem solitários, os heróis raramente realizam algo sozinhos. Lembremos Teseu e sua conquista do Labirinto. Ele teria escapado sem o fio de Ariadne?

Em segundo lugar, a história nos mostra como o individualismo pode ser um instrumento de derrota pessoal quando vira egoísmo puro. Ao desconsiderar os sacrifícios que Medeia fizera por ele e trocá-la por uma nova mulher visando ao benefício de sua carreira, ele decretou o próprio fim.

Teseu fez mais ou menos a mesma coisa, abandonando Ariadne numa ilha deserta durante a viagem de volta a Atenas. Com o Minotauro morto, pensou, não precisava mais dela. Preocupado com seu próprio sucesso, porém, ele se esqueceu de trocar as velas negras do navio pelas brancas – o sinal para seu pai de que ele estava vivo e bem. Ao avistar as velas negras, o pai de Teseu achou que o filho estava morto e cometeu suicídio.

Em suma, a virtude levada a extremos egoístas se transforma em defeito grave. Aquiles é o melhor exemplo disso, um homem tão envolvido com as próprias necessidades e a satisfação de seu ego que perdeu a única pessoa que realmente amava, seu amigo Pátroclo. No fim, Aquiles morreu um homem vazio.

Será que, cultivando nosso individualismo, todos nós podemos um dia encontrar o Velocino de Ouro? Isso é pouco provável.

Afinal de contas, a história de Jasão é um mito, assim como o Velocino de Ouro. Entretanto, para cada um de nós há uma espécie de tesouro, algo pelo qual ansiamos, que desejamos muito e que podemos um dia obter com talento e energia. Ao procurar atingir esse objetivo, precisamos sempre ter em mente que o verdadeiro sucesso raramente é alcançado sozinho. Para percorrer o labirinto ou proteger nossa pele do fogo, precisamos da ajuda e do amor de outros. E quando içarmos as velas para navegar para casa, não basta levar só o troféu como companhia.

O REFLEXO NO LAGO

O individualismo que faz a pessoa se voltar para si mesma, isolando-se, pode ser fatal, como demonstra o mito de Narciso, um jovem extraordinariamente bonito, amado e desejado por muitas mulheres. Como Hipólito, porém, ele desdenhava o amor das moças e se esquivava de suas investidas. Conta-se que certa vez uma ninfa chamada Eco se apaixonou por ele. A pobre fora castigada por Hera e, incapaz de iniciar uma conversa, só podia repetir as palavras dos outros. Assim que viu Narciso, se apaixonou loucamente por ele, mas não sabia o que dizer.

Ouvindo os passos dela atrás de si no bosque, Narciso gritou:

– Há mais alguém aqui?

– Aqui – respondeu Eco.

– Então, venha para perto de mim – disse ele.

– De mim – respondeu ela.

Quando ele se aproximou, a ninfa saiu de trás de uma árvore e correu para abraçá-lo, mas Narciso recuou e mandou-a ir embora.

– Embora – repetiu ela, virando-se, o rosto triste.

Conta a lenda que ela sofreu por causa de Narciso durante tanto tempo que definhou e seu corpo desapareceu, restando apenas o eco de sua voz.

Quanto a ele, acabou morrendo vítima de uma maldição.

– Que um dia você deseje tanto alguém quanto outras pessoas desejaram você – disse uma enamorada que ele recusou.

Não levou muito tempo para a maldição se cumprir. Um dia, caminhando pelo bosque, Narciso chegou a um pequeno lago. Abaixou-se para beber água e na superfície viu o rosto de um lindo rapaz que o olhava. Quando se aproximou, o outro também chegou mais perto dele. Quando Narciso falou, o rapaz pareceu falar, embora Narciso não escutasse suas palavras. Entretanto, quando ele enfiou a mão na água, o rosto desapareceu. Narciso permaneceu deitado junto do lago, atormentado, incapaz de satisfazer seu desejo, levantando-se para olhar de novo, deixando-se cair, derrotado, até que finalmente morreu.

Na época de seu nascimento, sua mãe perguntara a um oráculo se o filho iria viver muito.

– Sim, irá – respondeu o oráculo –, contanto que não conheça a si mesmo.

Até o autoconhecimento pode ser fatal se levado ao extremo, uma advertência para que tenhamos cuidado com o narcisismo que espreita no lago profundo de nossa mente.

Um dos perigos da vida é nos apaixonarmos por quem somos no momento e não por quem podemos nos tornar. Não adianta olhar numa bola de cristal nem na superfície de um lago, pois elas nunca nos mostrarão aquele "outro eu". Apenas o tempo e o amadurecimento podem fazê-lo vir à tona caso nossa paixão pela vida perdure.

INDIVIDUALISMO E ISOLAMENTO

No sentido mais puro e rigoroso, ser um indivíduo significa viver uma vida separada da dos outros, tanto em termos emocionais quanto físicos. No decorrer da maior parte de sua história, tal ideia causaria aversão aos gregos, que acreditavam que só pode haver um pleno desenvolvimento da personalidade dentro do contexto da sociedade. Foi o que declarou o estadista ateniense Péricles em seu famoso Discurso Fúnebre, mas pode-se documentar a existência desse princípio já em Homero. Uma das principais razões por que o ciclope e seus irmãos eram desprezíveis, diz o poeta, era o fato de cada um ser independente do outro e ter suas próprias regras: se os gigantes acorreram aos gritos de seu irmão quando ele ficou cego, muito provavelmente o fizeram porque ele perturbara seu sono, não porque se preocupassem com seu bem-estar.

Havia exceções, é claro. Na Era Helenística, os filósofos cínicos argumentavam que um homem só pode ter paz quando se desliga da dependência dos outros e abandona as regras e os costumes sociais. Mas isso era exceção. O individualismo era uma virtude, mas a maioria dos gregos achava que não podia ser levado a tal extremo. Quando lhe ofereceram a companhia sensual de uma deusa e a promessa de juventude eterna, Ulisses tomou a decisão certa ao recusar a proposta, que significava exilar-se da humanidade e do lar. Homero teria prontamente concordado com a seguinte frase: "Nenhum homem é uma ilha, isolado em si mesmo."

A TERRA DOS COMEDORES DE LÓTUS

O exílio pode ser medido também em termos de tempo, não só de espaço. Em sua viagem de retorno de Troia para casa, Ulisses e os veteranos sob seu comando chegaram a uma praia estrangeira. Depois de desembarcar, ele despachou um grupo de reconhecimento para entrar em contato com os nativos. Mas como eles não voltaram, foi pessoalmente procurá-los acompanhado de outros.

Encontrou o grupo que desaparecera desfrutando alegremente a hospitalidade dos nativos e comendo o fruto doce como mel de uma planta chamada lótus.

Ulisses mandou que regressassem aos navios, mas eles se recusaram, preferindo ficar com seus novos amigos e comer mais lótus. Mostravam dificuldade para lembrar por que tinham vindo nesses navios e esqueceram as casas e famílias que haviam deixado para trás. Nem se lembravam direito do nome de seu líder, que ordenou imediatamente que fossem embarcados à força, apesar de seus protestos furiosos, e amarrados nos bancos de remar para ter certeza de que não pulariam na água para voltar nadando quando as embarcações partissem.

É a memória que nos torna humanos. Se formos privados da capacidade de lembrar, deixamos de ser humanos, por mais agradável que seja o esquecimento. A memória nos prende ao mundo exterior. Sem ela, nossa identidade – e nossa individualidade – fica irreversivelmente diminuída. Se os homens de Ulisses tivessem ficado na Terra dos Comedores de Lótus, teriam esquecido quem eram. Lembrar-se do passado, lutar no presente e trabalhar visando ao futuro é fundamental para a preservação da civilização, assim como é essencial para a integridade de nossas vidas.

O SACRIFÍCIO DE PROMETEU

De todos os que defenderam o individualismo, nenhum pagou um preço mais alto do que Prometeu. Reza a lenda que Zeus, o rei dos deuses, ficou zangado com a raça humana e decidiu castigá-la privando-a do fogo que utilizava para cozinhar e se aquecer.

Fora Prometeu quem moldara o homem a partir do barro e se afeiçoara à sua criatura, de modo que decidiu ajudar a raça humana roubando o fogo dos céus, escondendo-o na parte oca de um caniço e transportando-o para a Terra.

Quando Zeus soube o que Prometeu fizera em segredo, ficou ainda mais furioso e resolveu impor sua vingança ao benfeitor da humanidade. Mandou prender Prometeu e o acorrentou eternamente na encosta rochosa de uma montanha distante e árida. Depois mandou sua águia de estimação devorar o fígado de Prometeu durante o dia, enquanto o órgão se regenerava durante a noite para ser atacado novamente na manhã seguinte. Essa tortura se repetiu durante mil anos, até Zeus afinal suspender o castigo.

Por ter desafiado a tirania, Prometeu se tornou o símbolo perfeito do individualismo, mas o seu supremo sacrifício revela que este não é sinônimo de egoísmo. O indivíduo corajoso pode ser um salvador da sociedade.

Os heróis da Grécia antiga enfrentaram o terror repetidamente e várias vezes triunfaram lançando mão de seus recursos interiores. Com força física e inteligência, derrotaram monstros que surgiram em seu caminho, defendendo não somente a si próprios como também a civilização.

A EDUCAÇÃO DE ALEXANDRE

Quando nasceu, Alexandre ainda não era conhecido pela alcunha "o Grande" – ele *se tornou* grande. Como isso aconteceu? A resposta é educação, e conhecer a educação que Alexandre recebeu pode ser bastante instrutivo e nos mostrar como realizar nosso potencial como indivíduo.

O caráter dele foi moldado por seus pais, mestres e pelo mito. Filho de um rei e guerreiro chamado Filipe, Alexandre nasceu na Macedônia em 356 a.C. Seu pai se tornou um exemplo para ele: um líder de homens e um comandante de nações, que transformou a Grécia num reino no difícil período que se seguiu à guerra entre Esparta e Atenas. Ao contrário de seu pai pragmático, a mãe de Alexandre, Olímpia, tinha um temperamento místico. Contou ao filho que Zeus, e não Filipe, era seu verdadeiro pai, e a semente de divindade que ela plantou na mente do jovem Alexandre o levou a sonhar mais alto do que o normal.

Sabendo que seu próprio filho o sucederia – a história dos reis macedônios estava marcada por múltiplos assassinatos –, Filipe decidiu dar a ele uma educação que o deixasse totalmente preparado para liderar a Grécia. Aos olhos dos gregos clássicos que viviam no sul, a Macedônia era um país semibárbaro e sua cultura era atrasada. Era de esperar, portanto, que o tutor de Alexandre tivesse um trabalho difícil pela frente. Filipe mandou buscar Aristóteles, que nascera na Macedônia e se tornara filósofo e o discípulo mais famoso de Platão. Ele transmitiu ao futuro rei a literatura e a sabedoria gregas, os mesmos princípios e mitos heroicos apresentados neste livro.

Duas figuras míticas se destacaram na mente de Alexandre: Hércules e Aquiles. Ambos tinham adquirido fama eterna ao empregar esforços sobre-humanos em suas missões. Por ser filho de Zeus, Hércules de certa forma era meio-irmão de Alexandre, que também alegava descender de Éaco (ou Aiacos), ancestral de Aquiles. Assim, esses modelos míticos eram supostos membros de sua família. Dizem que, quando Alexandre foi para a guerra, ele dormia com dois objetos debaixo do travesseiro: uma adaga e um exemplar da *Ilíada*, a história de Aquiles. Quando subiu ao trono, mandou cunhar moedas em que foi retratado com aparência heroica, portando na cabeça a pele de leão que Hércules usou depois de matar o Leão da Nemeia. O caráter de Alexandre, portanto, se formou sob a influência de sua educação, com um pai que lhe servia de exemplo, a mãe que o ensinou a sonhar e um professor que incutiu nele os valores estimulantes de uma cultura desenvolvida.

Não se poderia pedir outra coisa de nós mesmos como pais nem de nossas escolas. Nossos filhos podem não ter antepassados famosos ou ancestrais lendários, mas podemos ensiná-los pelo exemplo, ajudá-los a sonhar e instruí-los nos princípios e valores que marcam uma vida significativa. E embora não possamos ter um Aristóteles como professor, ainda assim podemos tirar proveito da sabedoria dele e de seus antigos mestres. Suas vozes ainda ecoam na biblioteca ou livraria mais próxima de nós. Estão lá à nossa espera, prontas para colaborar conosco na grande aventura que é a vida intelectual.

Alexandre não era perfeito. Era muito ambicioso, exigia demais de si mesmo e fracassou em seu maior sonho – o que só prova que possuía o espírito grego e era humano como nós. Quando miramos muito baixo, nunca acertamos o alvo. Porém, se não nos obrigamos a fazer um esforço, nunca chegamos a lugar nenhum. E se nossos sonhos são pequenos, morremos insignificantes como eles.

Alexandre se considerava um indivíduo racional. Bebia à vontade e se deixava consumir pela curiosidade. Queria obter autoconhecimento testando seus limites por meio da busca da excelência. E, no decorrer do processo, se realizou como ser humano. Em grego, seu nome significa, de modo muito apropriado, "defensor do homem".

Muito depois da sua morte, o nome desse conquistador ainda é bastante comum – há muitos Alexandres, Alexandras e outras variações no mundo inteiro – e permanece forte. Mas ele também ganhou o status de mito, porque Alexandre, o homem, se tornou Alexandre, a Lenda.

LENDAS DE ALEXANDRE

Cavalgando uma sombra

O pai de Alexandre possuía um cavalo bravo que ninguém conseguia montar. Sem poder domá-lo, Filipe ordenou que o animal fosse sacrificado.

Alexandre pediu ao pai que reconsiderasse, suplicando que lhe desse a oportunidade de domar o garanhão selvagem. O jovem notara algo que ninguém percebera: o cavalo se assustava com a própria sombra.

Ele então manteve o focinho do animal virado para o sol, falando em voz branda e sussurrante para ganhar sua confiança até poder afinal cavalgá-lo. O cavalo passou a ser dele e recebeu o nome adequado de Bucéfalo ("cabeça de touro"). Alexandre foi o único a montá-lo e o animal o levou em suas campanhas mundo afora. Quando Bucéfalo morreu já velho, na fronteira da Índia, Alexandre chorou por ele e enterrou seu leal companheiro numa grande cerimônia.

Um nó desfeito

Para alguns, mesmo ser rei não é o bastante. Dizem que o jovem Alexandre chorava no palácio real da Macedônia toda vez que era informado de que seu pai conquistara mais uma vitória. Alexandre temia que, quando crescesse, não lhe sobrasse mais nenhum lugar para conquistar.

Assim, depois da morte do pai, para ter um desafio à altura e provar seu valor, ele marchou contra o Império Persa, o maior que o mundo até então conhecera. Venceu-o e seguiu para a Índia com seu exército. Talvez alcançasse a China se os homens não ameaçassem um motim, pois estavam ansiosos para voltar para casa.

Mas Alexandre ansiava por algo que nunca podia ter ou jamais podia encontrar. Ansiava por mais do que existia, mais do que ele próprio era, inebriado que estava pela vontade de se tornar superior. Antes de incendiar o palácio de Persépolis, capital do reino persa, já obrigara o oráculo de Delfos a lhe revelar sua futura glória e visitara as ruínas de Troia, onde prestou homenagem a Aquiles em seu túmulo.

Na cidade de Górdio, na Lídia, mostraram a Alexandre um nó e lhe disseram que aquele que o desatasse seria dono do mundo. Não se tratava de um único nó, mas de muitos entrelaçados num labirinto apertado feito de corda resistente. Havia décadas que muitos o puxavam de todas as maneiras e fracassavam. Alexandre contemplou o nó górdio por um momento, depois o cortou com um só golpe de sua espada. Alguns problemas não se resolvem com puxões – precisam de um golpe audacioso.

O vazio do poder

Muito antes de partir da Grécia em sua missão, Alexandre procurou o filósofo Diógenes, um dos adeptos da doutrina do cinismo, que vivia numa pobreza intencional porque preferia não depender de ninguém, acreditando que ter menos é ser mais livre.

Alexandre encontrou Diógenes sentado em uma grande urna quebrada, seu lar improvisado. Então se aproximou cortesmente e, como rei, perguntou ao velho com delicadeza:

– Há alguma coisa que eu possa fazer por você?

Levantando os olhos para ele, Diógenes respondeu num tom áspero:

– Há, sim, um pequeno favor. Afaste-se do sol, não me faça sombra.

Os homens da comitiva de Alexandre imediatamente começaram a rir da ignorância do pobre velho, mas Alexandre não riu e disse:

– Se eu não fosse Alexandre, gostaria de ser Diógenes.

Ele sabia que o poder em si pode ser mais vazio e mais escuro do que um barril oco, se não houver a luz do sol a aquecê-lo.

Deserto e morte

Depois de finalmente derrotar o rei da Pérsia, Alexandre foi para o Egito libertar o país do domínio persa. Mas também era movido pela curiosidade, pois queria conhecer aquela terra tão antiga. Fez questão de se lançar numa longa viagem pelo deserto ocidental para ir ao oásis de Siwa, onde se localizava o oráculo de Amon, que os gregos identificavam com Zeus.

O oráculo se dirigiu a ele não em egípcio, mas em grego. No entanto, por não estar familiarizado com essa língua, chamou-o por engano de *pai Dios* ("filho de Zeus"), em vez de *paidios* ("meu filho"). O erro só confirmou o que Alexandre já sabia em seu íntimo: seu pai verdadeiro não era Filipe da Macedônia, mas o próprio Zeus.

Alguns dizem que o oráculo falou daquela maneira de propósito para agradar o conquistador. Nunca saberemos ao certo. O que sabemos é que, no fim, Alexandre provou ser mortal. Morreu em decorrência de uma febre, aos 32 anos, deixando um império para ser repartido entre seus generais. Marchou quase 5 milhões de quilômetros mundo afora, plantando cidades como se fossem sementes que absorvessem a luz do Oriente e irradiassem a luz da Grécia. Uma delas foi Alexandria, no Egito, que ainda conserva o nome que recebeu em homenagem a ele.

Perto do palácio de seus sucessores, os Ptolomeus, foi erguida sua tumba. Dentro dela estava o sarcófago dourado no qual seu corpo foi depositado, tendo sido levado para lá da Babilônia, onde ele morreu. Era seu desejo ser enterrado no Egito, uma terra que guarda em seu seio os corpos de tantos reis e seus sonhos malogrados.

O SUBMARINO DE VIDRO

Muito depois de morrer, a lembrança de Alexandre permaneceu viva na imaginação literária do Ocidente. Uma história o retratou como o capitão de um veículo submergível, feito de vidro para permitir a observação e preso por uma corrente a um barco a remo na superfície do mar. Segundo o relato, Alexandre levava três passageiros a bordo: um galo, um cão e um gato. O galo estava ali porque seu canto o ajudava a determinar, nas profundezas escuras do mar, o nascer de um novo dia. O cão estava presente por causa da crença de que sua respiração purificava o ar no interior da cabine. E o gato, porque tinha muitas vidas – no caso de uma emergência, Alexandre só precisaria segurar a cauda do bichano e chegaria são e salvo à superfície.

Por mais fantástica que seja, essa história expressa algo em que Alexandre, o Grande e o povo grego acreditavam: é nosso dever explorar o desconhecido. Só crescemos como indivíduos quando corremos riscos.

TORNAR-SE UM INDIVÍDUO

Decidi denominar esta seção "*Tornar-se* um indivíduo" em vez de "*Ser* um indivíduo" porque, de acordo com o pensamento grego, a individualidade é um estado de espírito. Ela deve ser avaliada com base em nosso grau de empenho em sermos únicos, e não pelo grau de isolamento em que nos encontramos.

Os gregos acreditavam que existia uma tensão inevitável entre o indivíduo e o grupo. A resistência à autoridade arbitrária era para eles um tema literário constante e, às vezes, um doloroso fato histórico. Havia sempre um preço a ser pago pelo individualismo radical. Muitas vezes, como no caso de Antígona e no de Sócrates, esse preço era a morte. Em outras, como nos casos de Prometeu e de Aquiles, era bem pior do que a morte. Mas, na opinião dos gregos, nada vinha sem um preço. E o individualismo, como um ideal, valia o preço que custava porque sem ele a própria sociedade não valia nada.

Como aplicar esse princípio ao nosso dia a dia? A resposta é óbvia e, lamentavelmente, o preço também, ainda hoje.

Homero nos conta que quando o viajante Ulisses encontrou o fantasma de Aquiles no Hades – Ulisses estava apenas de passagem –, cumprimentou-o pelo prestígio que desfrutava entre os mortos. Aquiles então respondeu friamente: "Eu teria preferido ser o escravo mais pobre do camponês mais humilde da Terra a ser rei entre os mortos." Aquiles chegara à conclusão de que a vida, qualquer que fosse, era preferível a todas as honrarias póstumas que pudesse receber. Somente quando Ulisses lhe contou a respeito do filho que ele deixara, Neoptólemo – um guerreiro como o pai, o mais bravo dos bravos, sempre buscando a excelência –, é que o peito de Aquiles se encheu de orgulho.

Se neste momento você está se empenhando em ser um indivíduo único – movido pela liberdade e por uma curiosidade insaciável –, usando a razão para obter autoconhecimento, contendo os impulsos para chegar à excelência com moderação e, assim, cumprindo a promessa de sua condição humana, você também enche Aquiles de orgulho, ele e todos os seus companheiros que, por séculos, viveram "para lutar, buscar, alcançar e jamais se render".

CAPÍTULO 9

Obstáculos ao longo do caminho

Todo herói grego que viveu uma aventura enfrentou obstáculos pelo caminho. Na realidade, se eles não existissem, por definição a aventura não teria sido heroica. Nada mais natural, então, do que esperar encontrar dificuldades no dia a dia, sobretudo se a aventura que estamos vivendo puder mudar a nossa vida.

Na verdade, a aventura é uma viagem através do tempo, não do espaço, uma jornada que nos desafia a resgatar os valores de um passado distante e torná-los parte integrante do presente.

Vamos imaginá-la como uma operação de transplante de um tipo muito experimental. Iremos transferir o espírito de um mundo antigo para um corpo moderno. A eficácia do procedimento vai depender da compatibilidade entre o receptor e o doador. O fato de você ter se interessado por aprender sobre o coração grego indica que é um candidato apropriado para receber esse órgão. Quanto ao doador, seria impossível encontrar um com melhor disposição. Afinal, os gregos sempre desejaram transcender a morte – por meio da arte, da literatura e da lembrança na posteridade. A operação pode prosseguir.

No entanto, toda cirurgia envolve riscos. Para minimizá-los, a sala precisa estar limpa, os instrumentos cirúrgicos devem ser esterilizados e as mãos do cirurgião, bem lavadas, tudo para evitar infecções.

Mas a operação espiritual que estamos prestes a realizar não pode ser feita num ambiente asséptico. Todo paciente é parte de sua sociedade, e existem germes sociais difíceis de serem eliminados – a sociedade contemporânea é radicalmente diferente daquela da Grécia antiga.

Para compreender quão distantes estamos daquele mundo antigo, precisamos nos concentrar em algumas das características mais distintas da sociedade moderna. Elas certamente não constituem o todo daquilo a que chamamos nosso mundo. Ainda assim, exigem nossa atenção por causa de sua relação com a viabilidade e o sucesso a longo prazo da transferência de valores que estamos propondo.

O PODER DA TECNOLOGIA

No mundo dos gregos, a tecnologia não possuía a importância que tem hoje, mas ainda assim era parte de sua vida diária. Os gregos antigos tinham até um deus da tecnologia. Seu nome era Hefesto, e a mitologia o descreve como um ferreiro coxo. Foi ele quem fez o escudo que Aquiles levou para o campo de batalha para vingar a morte de seu amigo. Homero conta que Hefesto – posteriormente chamado de Vulcano pelos romanos – possuía até um conjunto de foles robóticos, ativados por voz, para manter o calor de seus cadinhos.

Se Hefesto era o divino padroeiro dos ferreiros, Prometeu era o oleiro arquetípico, cuja obra mais famosa foi o próprio homem, que ele modelou do barro. Além disso, os gregos atribuíam a Prometeu todas as artes e ciências que tornaram a civilização possível.

A mulher, obra de Hefesto, foi destinada a punir a humanidade. Obedecendo a uma ordem de Zeus, Hefesto preparou o barro e moldou a primeira mulher. Quando ela chegou à Terra, trouxe consigo uma jarra ou uma caixa que continha todos os males que afligiam a raça humana, que ela libertou pela primeira vez ao levantar a tampa do recipiente. Tinha o nome de Pandora ("a que possui todos os dons") e, com a sua chegada, os problemas do homem começaram.

A imaginação criativa dos gregos também atribuiu poderes sobre-humanos a seus deuses, poderes capazes de produzir o que podemos chamar de tecnologia avançada. Hermes, o divino mensageiro, podia voar em alta velocidade com suas sandálias aladas, e os raios de fogo de Zeus eram uma espécie de míssil balístico.

Em circunstâncias muito especiais, até os humanos podiam voar, como provou o inventor Dédalo. E os míticos feácios, que levaram Ulisses de volta para Ítaca, possuíam navios capazes de deslizar na superfície das ondas a mais de 160 quilômetros por hora.

Mas esses eram poderes excepcionais, atribuídos a figuras míticas ou divinas, não a homens comuns. Hoje, no entanto, possuímos os poderes dos deuses antigos – o poder de viajar pelo céu num jato, de destruir cidades com uma bomba nuclear ou manipular a própria vida por meio da engenharia genética.

Esses poderes nos tornaram mais fortes, porém, lamentavelmente, não ficamos mais sábios. Nos falta a visão profética para prever corretamente as consequências de nossos atos e o freio emocional para controlá-los. Os recursos à nossa disposição nos convidam a cometer atos arrogantes numa escala nunca imaginada antes. Ainda por cima, nossa inventividade nos proporcionou uma caixa de Pandora sem fundo de onde tiramos os chamados aparelhos para poupar tempo, que infelizmente parecem só complicar ainda mais a nossa vida. Quanto mais artificial se torna nossa existência cotidiana, mais isolados ficamos dos ritmos da natureza que poderiam restaurar nossas energias. Sem dúvida, a vida na Grécia antiga era mais simples e até mais primitiva, de acordo com os padrões ocidentais contemporâneos.

De modo geral, a Grécia era uma sociedade agrária e suas cidades eram pequenas. O transporte era feito a pé, em carro de boi ou barco a vela. A comunicação era quase inteiramente oral. Como não havia tráfego, não existiam engarrafamentos. Não havia celulares, pagers, secretárias eletrônicas, correio de voz ou e-mail. Tampouco havia correio. Não existia telemarketing porque havia apenas um mercado, situado no centro da cidade. Não havia anúncios porque não existiam jornais nem revistas. Também não havia comerciais, já que o rádio e a TV nem sonhavam existir. O trabalho só começava mesmo quando o sol nascia e tinha de terminar quando ele se punha, pois, a não ser pelos relógios solares ou pela clepsidra – o relógio de água –, não existiam máquinas para medir o tempo. Quase todos os produtos eram feitos à mão com materiais naturais e os únicos combustíveis eram o azeite de oliva e a lenha.

Foi justamente por causa da ausência de um mundo sintético que a vida na Grécia pôde ser mais autêntica. O fato de não haver distrações artificiais favorecia a concentração da mente, e a falta de complexidade proporcionava mais destaque às questões essenciais. A vida era levada mais perto da natureza e, embora fisicamente mais dura por causa disso, era mais compreensível em seus propósitos e em suas limitações. A vida humana, portanto, era vivida numa escala mais humana.

Os gregos promoviam festivais para celebrar as realizações e alegrias coletivas. Na Atenas clássica, havia duas apresentações teatrais por ano, quando um único teatro servia de local público para o evento. Ao contrário de hoje, as formas de entretenimento não saturavam constantemente a consciência das pessoas nem agrediam olhos e ouvidos com excesso de estímulos. Na realidade, nenhuma cultura da história do mundo foi tão incessantemente divertida quanto a nossa atualmente, nem tão persistentemente privada da oportunidade de elaborar pensamentos profundos. O nosso problema hoje é o oposto do que enfrentou o prisioneiro da caverna de Platão, pois temos luz em excesso, uma luz tão ofuscante que nos impede de ver o que é real.

Por seu caráter fundamental, então, o ambiente cultural da Grécia antiga fomentou o surgimento do humanismo e o desenvolvimento dos princípios que o complementam. Claro que muitas outras culturas foram marcadas pela simplicidade e nem por isso produziram um Sócrates ou um Alexandre, o Grande. Outros fatores certamente devem ter contribuído para a formação dos valores essenciais gregos: a abundância de recursos críticos, o momento na história, a noção de orgulho nacional, de patriotismo, ou até mesmo um lance de sorte nos dados genéticos. Quaisquer que tenham sido esses outros fatores, a paisagem psicológica da Grécia não era hostil às crenças que tinham o homem como centro, e sim fértil o suficiente para que ali se enraizassem, ao contrário do terreno tecnológico sobre o qual pisamos hoje em dia.

A SEDUÇÃO DA FARTURA

A fartura dos nossos dias, tanto quanto a tecnologia, é um obstáculo poderoso à adoção dos valores gregos. Temos hoje muito mais coisas do que os gregos antigos jamais tiveram, mas a própria superabundância não nos permite perceber valores que os gregos notavam prontamente. Em geral, os bens materiais atrapalham as conquistas espirituais, e as comodidades e o prazer tornam a vida intelectual mais difícil. À medida que as experiências simuladas e a satisfação sintética tomam conta de nossos sentidos, a noção de alma se torna cada vez mais incompreensível. Ao apelar para os sentidos, o ambiente materialista nos faz esquecer que somos mais do que terminações nervosas, mais do que apenas consumidores esperando para gastar dinheiro e adquirir produtos.

Ulisses enfrentou esse perigo na Terra dos Comedores de Lótus e precisou tirar seus homens de lá à força antes que eles perdessem a própria identidade. Depois, ao chegarem à ilha de Circe e serem recebidos pela feiticeira, eles viram que poderiam saciar seu apetite e se encheram de comida. Depois que eles haviam se fartado, ela usou sua varinha mágica e os transformou em porcos. Os contadores de histórias gregos compreendiam bem o poder do apetite, e de que maneira ele pode nos transformar em criaturas selvagens. Em seu livro *A tradição clássica*, o historiador e crítico literário Gilbert Highet comentou a respeito:

> *Muitos de nós não compreendemos bem o que é civilização. Vivemos num mundo materialista e a maioria só pensa em ganhar dinheiro ou conquistar poder – expresso em termos materiais – em favor de um grupo ou uma nação, ou em redistribuir riquezas entre classes, países ou continentes. No entanto, dinheiro, poder ou posses não são o principal interesse da civilização, e sim a mente humana. O governo mais rico do mundo, ou uma sociedade mundial de riqueza e bem-estar ilimitados – mesmo que seus membros possuíssem todo o alimento, roupas, máquinas e bens materiais de que pudessem usufruir – ainda assim não seria uma civilização. Seria o que Platão chamou de "cidade de porcos", comendo, bebendo, acasalando-se e dormindo até morrer.*

Por serem humanos, os gregos também eram tentados pelo materialismo, sobretudo durante a próspera época da Era de Ouro. Naqueles tempos pragmáticos, os sofistas ensinavam o segredo do sucesso: não ter quaisquer valores éticos fixos. Mas os escritores de tragédias conheciam os riscos da cegueira moral e os perigos do triunfo. Nêmesis estava sempre à espera nos bastidores. Nas peças de Sófocles, um personagem recorrente é Tirésias, que era cego mas conseguia ver espiritualmente o que os outros não eram capazes de enxergar.

Havia também o perigo de se obter o desejado, como revelavam os mitos da Grécia. Cortejada por um amante que lhe disse ser Zeus disfarçado, Sêmele pediu que ele lhe concedesse um desejo para provar sua divindade. Quando o deus consentiu, ela pediu que ele assumisse a mesma forma que adquiria para fazer amor com Hera, sua mulher. Obrigado a cumprir o que prometera, Zeus apareceu para Sêmele em todo o seu esplendor celestial, fulminando a pobre mortal.

Em outra história, Eos, deusa do amanhecer, implorou a Zeus que concedesse a imortalidade a seu amante. Infelizmente, ela não teve a precaução de pedir também a juventude eterna. Seu amante Titono então viveu para sempre, mas foi envelhecendo e ficando decrépito na cama até finalmente encolher e se transformar numa cigarra que emitia um canto agudo.

Uma terceira história – e a mais conhecida – de desejo concedido que não deu certo é o mito do rei Midas. Quando o deus Dioniso lhe concedeu um único desejo, Midas pediu o poder de transformar em ouro tudo o que tocasse. O desejo foi concedido, e ele logo se arrependeu, porque até a comida e a bebida que tocava se transformava em ouro instantaneamente. E quando abraçou sua filha querida, ela também se transformou em ouro maciço e morreu. Midas rogou que o libertassem daquele fardo e felizmente foi atendido. Ao se banhar num rio, seu toque de ouro se desfez na água.

Como as outras histórias, o mito de Midas nos ensina a ter cuidado antes de desejar alguma coisa, pois a vontade pode se tornar realidade de uma forma nunca esperada. Além do mais, a história dele demonstra que dinheiro não é tudo na vida, e que a riqueza pode vir com um preço terrivelmente alto a pagar. O ser humano sempre aspira a uma vida melhor. O segredo está em definir o que "melhor" de fato significa.

O EFEITO DA VELOCIDADE

Outro elemento hostil que devemos considerar é a velocidade. Os efeitos dela podem ser mais traiçoeiros do que os da tecnologia ou do materialismo, porque a velocidade em si é menos visível, embora seus efeitos tenham amplas consequências.

As pessoas falam em "matar o tempo" quando estão esperando que algo aconteça, quando não existe nada que valha a pena fazer enquanto esperam. Gastam o tempo inútil "matando-o". Eles são os matadores; o tempo é a vítima.

Mas as coisas mudaram. Hoje, as vítimas somos nós e o tempo é o assassino. É ele que nos desgasta. Temos uma doença crônica que deforma nossos valores, uma enfermidade mais nociva por ser tão profunda.

Como tantas vezes acontece, nossa doença atual foi prevista pelos gregos antigos. Eles enxergaram a essência do que significa, e sempre vai significar, ser humano. Num de seus mitos, no princípio havia a Terra (Gea) e o Céu (Urano). O Céu se estendeu sobre a Terra e a fecundou, porém mais tarde odiou a repulsiva prole que ela deu à luz e exigiu que fosse mantida em seu ventre. Em represália, a Terra fabricou uma foice e a deu a seu filho Cronos, dizendo-lhe que preparasse uma emboscada para o pai. Quando o Céu voltou e novamente se estendeu sobre a Terra, Cronos agarrou os órgãos genitais de seu pai e o castrou com sua lâmina. Privado de sua potência sexual, o Céu deixou de ser rei e Cronos assumiu seu lugar no trono cósmico.

Mas Cronos provou ser tão tirânico quanto o pai. Ao saber que um dia seria suplantado por um de seus filhos, ele os devorou um por um conforme iam nascendo. Quando sua companheira deu à luz outro filho, ela escondeu o bebê, substituindo-o por uma pedra enrolada em panos de enfaixar recém-nascidos, e assim conseguiu enganar Cronos. O bebê de verdade se chamava Zeus e, quando cresceu, depôs o pai, cumprindo a profecia e tornando-se o novo rei do Universo. A mitologia grega está portanto indelevelmente marcada com as duplas imagens do divino Cronos: castrador do pai e devorador dos filhos.

A última imagem foi interpretada com horrível impacto pelo artista espanhol Goya, que, já no fim da vida, fez as chamadas "Pinturas Negras" nas paredes de sua casa nos arredores de Madri.

No painel chamado *Saturno devorando um de seus filhos* – era assim que os romanos chamavam Cronos –, uma figura animalesca e cabeluda mastiga o braço de um cadáver decapitado.

Em grego, o nome de Cronos é escrito com *kappa*, ou *k*. Mas existe outra palavra nessa língua que tem o mesmo som: *Chronos*, que se escreve com *chi* ou *ch*. *Chronos* quer dizer tempo, e deu origem a muitas palavras relacionadas ao tempo, como cronologia e crônica. A semelhança entre os sons das duas palavras levou os pensadores gregos a especular sobre uma possível ligação de sentido entre ambas. Afinal, assim como o deus primordial Cronos, o tempo também existia no princípio do mundo. Além disso, tal qual Cronos, o tempo consumia as coisas. O poeta grego Simônides, dos séculos V-VI a.C., descrevia *Chronos* como "o que tudo conquista" e "o dos dentes afiados", "o que desgasta todas as coisas, mesmo o que é mais forte".

A história de Cronos – do filho que castra o pai, do pai que devora os filhos – retrata uma dupla de mitos assustadora.

Infelizmente, esse deus existe. Nós o mantivemos vivo e a cada ano ele fica mais poderoso, fortalecido tanto pelo poder da tecnologia como pela sedução do materialismo, fatores que pouco a pouco passaram a definir nossa existência cultural.

Nossa vida passa cada vez mais depressa, impulsionada por tecnologias que funcionam 24 horas por dia, sete dias por semana, que não trabalham no ritmo de máquinas comuns, mas à velocidade da luz, impelidas por elétrons que não descansam e desejos materiais eternamente insatisfeitos. Vivemos numa hipercultura governada pelo poder do *agora* e dominada por uma urgência artificial que não nos deixa descansar. Podemos nos ver como consumidores, mas não admitimos que nós é que somos consumidos.

Uma série de pesquisas deixou bem clara a aceleração da vida contemporânea, ao comparar as respostas de um grupo de americanos ao longo de quase quatro décadas. Em 1965, apenas 25%

dos que participaram da enquete disseram que suas vidas eram "apressadas o tempo todo". Em 1975, o número passou para 28%; em 1985, subiu para 32%; e em 1992, chegou a 38% – um aumento de 50% com relação à primeira pesquisa.

O estresse, no entanto, é apenas metade do problema. A outra metade – e a mais preocupante – é a nossa adaptação à velocidade: o preço que pagamos por ir tão depressa, à custa da mente humana. Temos menos paciência, menos tempo para refletir. Precisamos de equilíbrio, mas temos poucas oportunidades para encontrá-lo. Como tudo se tornou transitório, há menos estabilidade para dar sustentação às nossas vidas. O que é rápido e novo é valorizado, e todas as outras coisas – tradição, habilidade profissional e manual, empenho e amor –, as coisas lentas e lindas, velhas e preciosas, perderam espaço porque levam muito tempo para serem feitas.

Inundados por uma enxurrada de dados, agarramos a informação, confundindo-a com conhecimento, e corremos atrás dela tomando-a por sabedoria. Mesmo quando tentamos relaxar, tendemos a ficar imersos num mar de estímulos. Muita gente passou a apreciar isso, a se deliciar com seu vício eletrônico. E por que não, já que é algo que satisfaz seus sentidos, tão mais acessíveis do que a alma e sempre tão menos exigentes? Se a intimidade de hoje é eletrônica, a vida conectada é desprovida de calor.

E assim o Tempo devora seus filhos, até os mais novos, para quem a existência se tornou excessiva cedo demais, empurrados para a vida adulta antes de amadurecerem, engolidos praticamente no momento em que nascem.

Se os filhos do Tempo são o futuro, o pai dele deve ser o passado. E assim como *Chronos* está devorando o futuro, também está castrando o passado. Várias pesquisas demonstram como o conhecimento da história perdeu importância. Há 10 anos, uma pessoa podia se formar em 88% das melhores faculdades e universidades americanas sem precisar ter aulas dessa disciplina.

Ainda hoje, nenhuma dessas instituições exige que seus alunos aprendam história.

Isso também é consequência da velocidade. Quanto mais rápido dirigimos, menor fica a imagem do passado no espelho retrovisor de nossa consciência. Quanto mais importante for o "agora", menos o "antes" vai contar. Entretanto, como pode a democracia sobreviver se a história não é capaz de afetar a decisão dos cidadãos?

Cronos/*Chronos* vai continuar a castrar seu pai e a devorar seus filhos. Ele está vivo, mas só porque permitimos. Não é o tempo que é nosso inimigo, e sim aquilo em que o transformamos.

Será possível, no final, desfazermos o que criamos, nós que nos tornamos parecidos com os próprios deuses? A resposta a essa pergunta vai determinar não só os resultados do futuro, mas o formato de todas as coisas que virão.

PREVENDO O FUTURO

Qual é então o prognóstico de longo prazo para a humanidade? Qualquer que seja, não temos os poderes de um Oráculo de Delfos.

Alguns gregos, como o poeta Hesíodo, não viam esperança de progresso, e sim um inevitável declínio – não tanto material, mas sobretudo em termos morais. Porém, se ele foi um pessimista, certamente viu muitas injustiças e desumanidades na vida. Para Hesíodo, a história da raça humana começou numa Era de Ouro que depois foi degenerando para a Era de Prata e em seguida a de Bronze. Então vieram os Tempos Heroicos descritos por Homero. Mas esta seria a Era de Ferro, a pior de todas, uma era corrompida em que a humanidade ficaria entregue a seus piores vícios.

Se Hesíodo examinasse nossa sociedade atual com seu olhar antigo e pessimista, provavelmente diria que somos mais uma comprovação de sua teoria. Sob a influência da tecnologia, absorvemos o desvairado modo de agir das máquinas em nossos corações, substituindo o humanismo pela desumanização. Sob a influência do materialismo, trocamos a busca da excelência pela busca do dinheiro. Em vez de praticar a moderação, adotamos a prática da mediocridade. No lugar do autoconhecimento, perseguimos a autossatisfação. No lugar do racionalismo, a racionalização. Em vez da curiosidade incansável, a invasão de privacidade. Em vez do amor à liberdade, o amor à licenciosidade. E, por fim, no lugar do individualismo, o egoísmo.

Mesmo que Hesíodo falasse, poucos o escutariam. Seria simplesmente desdenhado e visto como outra Cassandra histérica. Apolo a desejava sexualmente, mas ela pediu ao deus que lhe concedesse antes um dom: a capacidade de prever o futuro. Assim que seu pedido foi atendido, porém, ela rejeitou seu divino pretendente. Apolo não voltou atrás, mas acrescentou uma cláusula: ninguém jamais acreditaria nas profecias que ela fizesse. E, assim, de acordo com a história, Cassandra avisou aos seus conterrâneos de Troia que a cidade iria cair, mas suas previsões foram ignoradas.

Nossa sociedade está caminhando para a ruína? Ou é apenas Cassandra que está delirando outra vez?

Na verdade, talvez não seja propriamente o fim dramático de nossa sociedade que devemos temer, mas sua lenta degeneração – tão lenta que passe despercebida, tão lenta que a alma não desperta continue adormecida. Em todas as épocas, porém, todo indivíduo tem a capacidade de despertar. Só precisamos querer. E, se não podemos "salvar o mundo", pelo menos que salvemos a nós e aqueles que amamos.

Segundo a mitologia grega, certa vez, com raiva da humanidade por causa de seus pecados, Zeus decidiu destruí-la com um dilúvio. Só duas pessoas foram autorizadas a sobreviver: um homem chamado Deucalião e sua mulher, Pirra. Quando as águas baixaram, ordenaram-lhes que jogassem os ossos de sua mãe por cima dos ombros. A princípio, eles não compreenderam, mas depois lembraram que sua mãe era a Terra, e os "ossos" dela eram as pedras ao seu redor. Abaixaram-se, apanharam algumas e as atiraram por cima dos ombros. Ao caírem no chão, aquelas jogadas por Deucalião se transformaram magicamente em homens, e as jogadas por Pirra, em mulheres. E assim a Terra foi repovoada com uma raça mais pura.

Algum dia, isso pode vir a acontecer de novo, com um homem e uma mulher de cada vez, até que uma nova raça e uma nova Era de Ouro venham a nascer.

CAPÍTULO 10

Transpondo outras montanhas

O ANTIGO MUNDO MEDITERRÂNEO era mais extenso do que a terra grega. A oeste, havia a Itália e a civilização de Roma, e a leste, as lendárias terras bíblicas. Portanto, se você estiver disposto, há mais montanhas espirituais a serem escaladas.

AS LENDAS DE ROMA

Como os gregos, os romanos tinham mitos próprios, mas, por terem sido bastante influenciados pela cultura clássica da Grécia, tomaram emprestados quase todos os seus mitos. Ironicamente, foi o poeta romano Ovídio quem deu à maioria desses relatos seu tratamento mais elegante. Sua obra *Metamorfoses* se tornou um dos maiores clássicos literários, inspirando escritores e artistas de épocas posteriores.

Os mitos romanos, entretanto, são muito diferentes dos mitos gregos, assim como os valores que eles personificam. Por suas tendências étnicas e nacionalistas, os mitos de Roma revelam os princípios singulares que regiam a vida dos cidadãos daquele lugar. Juntos, esses princípios apontam para uma definição de caráter muito diferente da que orientava a vida grega. Consequentemente, examinar os mitos romanos pode nos proporcionar uma perspectiva mais ampla do significado do que é ser humano.

As provações de Eneias

Por não possuírem uma linhagem heroica, os primeiros romanos decidiram adotar a da Grécia, ligando as origens de Roma à Guerra de Troia. O poeta romano Virgílio foi quem melhor contou a história em sua epopeia patriótica *Eneida*. De acordo com a narrativa, Eneias, que originou o nome da obra, era um príncipe e herói troiano. Quando os gregos começaram a saquear e queimar Troia, ele instintivamente desejou lutar e morrer em defesa de sua cidade. Mas Júpiter (o equivalente romano de Zeus) tinha outros planos para o herói. Eneias recebeu uma ordem divina para deixar a cidade em chamas, reunir a família e quantos sobreviventes pudesse encontrar e embarcar num navio em busca de uma nova terra onde se estabelecer. A "terra prometida" seria a Itália, e três séculos depois da chegada de Eneias uma nova nação surgiria – uma nação à qual Júpiter prometia um império sem fim. Antes de chegar àquele país, porém, ele teria de superar múltiplos obstáculos e resistir a tentações pessoais a fim de atingir seu objetivo.

Pouco depois de sair de Troia, Eneias e seu bando de refugiados encontraram um povoado recentemente fundado no litoral grego por outros sobreviventes da queda da cidade. Esses sobreviventes tinham construído uma réplica exata de Troia em miniatura, e convidaram Eneias e seus seguidores para se juntarem a eles. Mas Eneias preferiu seguir em frente, acreditando, como escreveu certa vez Thomas Wolfe, que "jamais voltamos para casa", ou para o lugar de onde viemos. É para a frente que se anda.

Posteriormente, Eneias e seus companheiros desembarcaram na costa norte da África, perto da cidade de Cartago. Dido, a rainha de Cartago, uma viúva, se apaixonou por Eneias e lhe ofereceu metade de seu reino. Mas Eneias sentia-se impelido a cumprir o seu destino, mesmo que para isso fosse preciso recusar o amor de uma mulher apaixonada.

Na ilha da Sicília, os troianos mais velhos e tímidos foram deixados para trás para que jovens audaciosos pudessem embarcar para o continente italiano. Foram os membros mais velhos do grupo de Eneias que insistiram nessa medida radical de que só os que pudessem lutar pelo futuro prosseguissem viagem. Como Jano, o deus latino de duas faces, os romanos olhavam para o passado em busca de sabedoria, mas se voltavam para o futuro visando ao sucesso.

A fundação de Roma

Três séculos depois, como Júpiter havia prometido, a nação romana estava pronta para nascer. Como conta o historiador romano Tito Lívio, um nobre chamado Amúlio se apoderou do trono de Alba Longa – uma cidade do centro da Itália –, derrubando seu irmão Numitor, o rei legítimo. Para evitar que o irmão tivesse herdeiros masculinos, Amúlio baniu a filha de Numitor da corte e obrigou-a a servir como vestal. No entanto, Marte, o deus da guerra romano, tinha outras ideias. Ele visitou a jovem no templo e teve relações sexuais com ela. Quando seu perverso tio soube que ela dera à luz dois meninos, decidiu se livrar deles colocando os bebês numa cesta de junco e deixando-os à mercê das águas do Tibre. A cesta acabou encalhando numa das margens do rio. Ao ouvir o choro das crianças, uma loba puxou a cesta para sua toca no Monte Palatino e as amamentou.

Um tempo depois, os meninos foram adotados por um pastor que passava por ali e acabaram descobrindo sua verdadeira origem. Já adultos, voltaram para sua cidade natal e lideraram uma revolução que depôs Amúlio e devolveu Numitor ao trono. Uma vez cumprido o seu dever, os dois voltaram ao lugar onde tinham crescido, acompanhados de alguns jovens de Alba Longa sedentos de aventura. Rômulo e Remo fundaram cada qual uma cidade numa das colinas próximas. Rômulo escolheu o Palatino e ali assentou Roma. Remo ficou com ciúmes do irmão e Rômulo o matou num acesso de raiva.

Rômulo e seus seguidores logo perceberam que tinham um problema: não havia mulheres para ajudá-los a povoar sua nova comunidade. Ele decidiu decretar feriado e convidou uma tribo vizinha, a dos sabinos, para participar das festividades. Então Rômulo e seus companheiros se lançaram sobre as mulheres e as raptaram, lutando com os homens. Com as sabinas, a civilização romana poderia começar a se reproduzir.

A proeza romana

Tendo começado como uma aldeia primitiva de camponeses fazendeiros, Roma cresceu e se tornou a líder política e militar do mundo mediterrâneo, uma das cidades mais gloriosas da Antiguidade. Sua ascensão ao poder e à riqueza foi em grande parte uma consequência da expressão dos valores mais importantes do povo romano. Esses valores já estavam evidentes em seus mitos principais.

Eneias é um homem que se caracteriza, antes de tudo, pelo respeito à autoridade divina e obediência inquestionável, não pelo individualismo, a curiosidade incansável ou o amor à liberdade. O individualismo não era um traço marcante do caráter romano, e sim a disposição para subordinar as próprias necessidades às exigências mais elevadas do destino. Os romanos posteriores não demonstravam curiosidade sobre a sua condição humana, mas eram confiantes e seguros quanto a seu lugar no mundo e seu direito de governá-lo pela força. Em suas leis, bem como em sua engenharia e arquitetura, os romanos não manifestavam um racionalismo abstrato, mas habilidades organizacionais aplicadas. Em suma, eram mais fazedores do que pensadores. No apogeu de seu império, buscavam mais o prazer do que a excelência e praticavam mais o excesso do que a moderação. Filho do deus da guerra Marte e criado por uma loba selvagem, Rômulo era verdadeiramente o pai dos romanos.

Os fundadores da nação norte-americana, que aprenderam sobre independência e liberdade com os gregos democratas, assimilaram muita coisa também dos romanos, sobretudo os perigos do poder ditatorial. Consequentemente, quando elaboraram a Constituição, incluíram formas de controle e equilíbrio para proteger as liberdades pelas quais haviam lutado durante a Guerra da Independência. Na cabeça dos pensadores europeus, Roma também era um exemplo de como o materialismo podia corromper a moral, assim como a Grécia ilustrava as virtudes do idealismo.

Mas há muitas coisas positivas a extrair da experiência romana, entre as quais as lições que podemos aplicar em nosso desenvolvimento pessoal. Responsáveis pelo sucesso romano, certas qualidades do caráter nacional são ainda hoje dignas de admiração e imitação: o respeito constante pela lei, a disposição de se sacrificar pelos outros, um forte senso de organização e, no contexto de todas essas coisas, a crença na busca da felicidade. Talvez o princípio mais importante que serviu de base para a história de sucesso dos romanos seja, pura e simplesmente, a determinação de ter êxito. Se todos os caminhos levam a Roma, essa é a estrada que todos devemos tomar se quisermos ser bem-sucedidos.

O segredo romano do sucesso

Como então ter êxito? Como o pai de Eneias, Anquises, disse ao filho e a todos os futuros romanos, não é imitando os outros nem tentando superá-los, mas descobrindo nossos próprios talentos interiores e pondo-os em prática ao máximo. Anquises declarou:

> *Deixem que outros façam o bronze das estátuas respirar,*
> *como só eles sabem fazer. Deixem que eles cinzelem no mármore*
> *rostos que vivem. Deixem que eles teçam belas frases*

e imaginem os rumos dos planetas e estrelas. Que caiba a ti, romano, governar o mundo com os meios que são os teus: estabelecendo a paz, poupando os humildes e esmagando os orgulhosos na guerra.

O sucesso verdadeiro, logo nos diriam os romanos, não vem de imitar os outros, mas de sermos nós mesmos.

UMA MONTANHA NO SINAI

Existem ainda outras montanhas que podemos subir, e uma delas, o monte Horeb, está localizada no deserto do Sinai, no Oriente Médio.

A leitura das lendas de Roma talvez desperte a atenção para a semelhança que têm com certas histórias encontradas no Antigo Testamento. O assassinato de Remo por seu irmão Rômulo, por exemplo, lembra o assassinato de Abel por Caim. Da mesma forma, a história dos gêmeos abandonados num rio e encontrados por um bondoso estranho faz lembrar a história do Moisés bebê, que, como Rômulo, foi adotado e cresceu para se tornar líder do seu povo. E assim como Eneias liderou seu grupo de refugiados troianos para o oeste através do Mediterrâneo em busca de uma terra prometida, também Moisés liderou os israelitas que deixaram a escravidão egípcia e rumaram para o leste, para uma terra dada por Deus.

No entanto, antes de Moisés se tornar o salvador de seu povo, ele viveu exilado na terra de Midiã. Um dia, quando pastoreava seu rebanho, viu uma sarça ardente no monte Horeb e, subindo aquela montanha, descobriu que o arbusto não era consumido pelo fogo. Então, ouviu a voz de Deus, que vinha da sarça ardente, lhe dizer que ele precisava voltar ao Egito para tirar seu povo da escravidão e conduzi-lo para a liberdade.

Essa história impressionante contém um princípio espiritual determinante do judaísmo. Ele afirma que somos, na realidade, aquilo que Caim renegou, os defensores de nossos irmãos, e que não podemos ficar parados enquanto outros sofrem. É um princípio ético, pode-se dizer até existencial, que Ulisses compreendeu prontamente na praia da ilha de Calipso, pensando na família que precisava dele e desejando voltar para casa. Mas no desenvolvimento da fé judaica, esse fator foi elevado exponencialmente para se tornar uma exigência inflexível de justiça social. Séculos depois de Moisés, nós o escutamos nos gritos fervorosos de profetas judeus como Isaías e Amós, que procuravam despertar a consciência de seus compatriotas e acabar com a opressão dos fracos. Ainda é a mesma voz que vem da sarça ardente, hoje chamando o nosso nome e pedindo que digamos, como Moisés: "Aqui estou." Sem esse imperativo moral de consciência e ação, até os Dez Mandamentos do monte Sinai pareceriam vazios de sentido. Em sua exigência transcendente de justiça social universal, o judaísmo foi além das metas mais limitadas da Grécia e de Roma antigas. Ao construirmos nosso templo pessoal, temos de acrescentar a ele o pilar da justiça.

UMA COLINA NA GALILEIA

Em Israel existe outro monte onde foi feito um sermão há quase 2 mil anos. À medida que Jesus viajava através da Galileia, pregando e ensinando, uma multidão o seguia. Ao ver a multidão, ele subiu a encosta de uma colina junto ao mar da Galileia, reuniu seus discípulos em torno de si e pronunciou o que ficou sendo conhecido como o Sermão da Montanha.

Existem duas transcrições de suas palavras, uma no Evangelho de São Mateus e outra no de São Lucas. Nem Mateus nem Lucas estavam presentes quando Jesus falou e seus relatos divergem em muitos pontos, mas ambas as versões revelam que, para Jesus, a religião pessoal não podia se limitar a fazer as coisas como manda o figurino. Ao contrário, Deus quer que avancemos bem além da letra da lei, a ponto de até mesmo amarmos nossos inimigos e fazermos o bem a quem nos odeia. É esse grau avançado de piedade que Deus quer que pratiquemos, muito embora vá de encontro à sabedoria popular. Ao usar a lógica, o filósofo Sócrates assumiu uma posição semelhante quatro séculos antes.

O texto do sermão de Jesus termina com o mesmo lembrete tanto em Mateus quanto em Lucas: uma parábola – ou seja, uma história com sentido moral – sobre duas casas. Uma casa, diz Jesus, foi construída na rocha e resistiu aos ataques do vento e da chuva. A outra foi erguida sobre a areia e acabou levada pelas intempéries. Quem ouve essa mensagem e a ignora, diz Jesus, será como o homem que construiu a casa em cima da areia.

Ao construirmos nossa casa, temos sempre de cuidar de suas fundações em primeiro lugar, construindo-a com um coração puro.

MONTANHAS FEITAS PELO HOMEM

As montanhas espirituais que subimos até agora são obras da natureza, mas existem outras que foram feitas pelo homem. As naturais inspiram respeito nos seres humanos, mas as montanhas fabricadas não existiriam se não fosse a vontade do espírito humano.

Algumas montanhas artificiais seculares existem há mais de 4 mil anos e ainda se encontram no Egito e no Iraque, testemunhos das mais antigas civilizações do mundo. Se arqueólogos alienígenas de uma galáxia distante visitassem um dia nosso planeta e o encontrassem completamente desprovido de vida humana, esses monumentos constituiriam a última vontade e o último testamento da humanidade, a mensagem final de nossa civilização para o cosmos. Como veremos, essa mensagem está escrita não só em matéria como também em mito. Juntos, contam a história do desejo da humanidade de acreditar na vida após a morte.

Então, vamos iniciar nossa odisseia final, a que vai nos fazer voltar no tempo mais ainda do que já o fizemos, para uma época anterior aos tempos heroicos da Grécia e à fundação de Roma, antes que a sarça ardesse no deserto e o sermão fosse ouvido na montanha.

EGITO ANTIGO

Existe uma ligação eterna entre o Egito e o sol. Sua luz nunca deixa de brilhar. No deserto avermelhado, seu calor pode ser mortal, mas nas terras negras das margens do rio é ele que faz a vida despertar.

Embora o sol morra todos os dias ao se pôr a oeste no horizonte, ele renasce ao amanhecer no leste. Portanto, o sol nunca morre de verdade, apenas se esconde, voltando para conceder sua energia geradora de vida num mundo que o espera.

Da morte e do renascimento do sol surgiu a fé dos egípcios na vida eterna. O que valia para o sol, concluíram eles, deveria valer também para a humanidade. O oeste era associado à morte, por isso eles criaram os cemitérios no lado ocidental do deserto, onde nada além do que fosse espiritual poderia crescer. Era o leste, onde o sol renasce, que identificavam com a vida.

Os egípcios chamavam o sol divino de Ra, e durante muito tempo o soberano da terra, o faraó, foi considerado seu filho. Por essa razão, as pirâmides eram chamadas de escadarias para o céu, porque se acreditava que o espírito do rei morto subiria por elas para se unir a seu pai celestial.

Os contadores de histórias gregos diziam que o sol era puxado no céu por uma carruagem invisível dirigida por Hélios, mas os egípcios achavam que ele era transportado num barco – e o que mais poderia ser, tratando-se de um povo ribeirinho? – como os que percorrem o Nilo.

Os egípcios devotos, na verdade, afirmavam que o sol era empurrado no céu por um imenso e invisível besouro do deserto, que se chamava escaravelho. Esse inseto possui pinças como as de um caranguejo. Sua fêmea põe os ovos numa diminuta bola de excremento, do qual os filhotes tiram seu primeiro alimento quando nascem. Maravilhados com o fato de uma nova vida surgir dessa matéria, os egípcios chamavam isso de milagre. E assim, quando viam o sol atravessar o céu, imaginavam um besouro invisível empurrando a bola que gerava a vida por seu caminho. Também fabricavam com barro réplicas de besouros que penduravam em fios e usavam ao pescoço na crença de que tais amuletos lhes garantiriam uma vida longa. Acreditavam ainda que, no início dos tempos, o sol se ergueu pela primeira vez das pétalas de uma flor de lótus que flutuava no mar primitivo.

Por mais benigno e vivificante que fosse Ra, o Egito teria sido puro deserto se não fosse pelo grande rio Nilo, que vem do sul e flui para o norte até desembocar no mar. Consequentemente, para descer o Nilo, basta se deixar levar por sua correnteza e ele conduzirá o navegante para o mar.

E se a pessoa quiser voltar ao local de onde veio? No Egito, o vento sopra do norte. Se ela içar uma vela, o vento a leva para o lugar de onde saiu. O rio parece querer que as pessoas viajem, porque promete um retorno garantido.

Quem dera a vida fosse um rio. Quem dera ela se renovasse a cada ano e isso fosse tão certo quanto o aparecimento das estrelas no céu. E que pudesse nos reconfortar oferecendo o abraço de um retorno garantido em cada viagem realizada.

A cada ano, quando a estrela Sírio se elevava acima do horizonte pouco antes do amanhecer, as águas do Nilo também começavam a subir. Com o passar dos dias, no devido tempo, elas transbordavam para as margens, alagando os campos dos lavradores. Pouco depois, as terras estavam completamente inundadas. Mas a inundação não era inesperada nem repentina. Astrônomos-sacerdotes tinham ficado atentos aos sinais celestes que indicavam sua chegada e os fazendeiros esperavam em seus campos.

Não era destruição o que as águas traziam, mas um rico sedimento vindo das cabeceiras do rio. E à medida que recuavam, tão lentamente quanto tinham subido, deixavam para trás sua carga de fertilidade nos campos dos lavradores, renovando e enriquecendo o solo para futuras colheitas.

Se não fossem as águas do Nilo e o sedimento que traziam, a vida humana não se desenvolveria no Egito. Como Heródoto escreveu em sua obra *História*: "O Egito era uma dádiva do Nilo."

Assim como o sol, que gerava a vida e com cujo ciclo diário se podia contar, o velho rio era benevolente e confiável. Ele também era visto como uma divindade, o deus Hapi.

A vida na Grécia nunca foi fácil para os fazendeiros, mas no Egito era tranquila graças às dádivas do sol e do rio. Cada divindade demonstrava à sua maneira seu amor ao povo egípcio, que retribuía esse sentimento com veneração e ações de graças.

A vida vegetal que crescia no solo egípcio tinha seu deus próprio. Osíris era o deus da fertilidade, e para representar isso os artistas pintavam a pele de suas efígies de verde para que ele se assemelhasse às plantas em crescimento a que dava energia.

Seu poder era igual ao da deusa grega Deméter, mas, ao contrário dela, não perdeu a filha para o deus da morte: perdeu a *própria* vida e se tornou *ele próprio* o deus da morte. Portanto, ele era uma combinação de Deméter e Hades – uma combinação curiosa que juntava a fertilidade e a morte numa só divindade. E, além do mais, ele oferecia aos que morriam a promessa da vida eterna. Sua história talvez seja a mais estranha contada pelos egípcios e ao mesmo tempo a mais fácil de aceitar.

A lenda de Osíris

Para começar a compreender essa lenda, precisamos entender que nenhum egípcio devia querer parar de viver. Viver na eterna felicidade devia ser o sonho deles. E era um sonho alimentado pelo mundo em que viviam, no qual tão poucas coisas mudavam que a própria noção de algo acabar raramente lhes vinha à cabeça. O deus-sol Ra e o deus-rio Hapi comprovavam a existência do perene e do imutável, o futuro espelhado no passado. Na língua egípcia, a palavra que significava "vida", *ankh*, também significava "espelho". A vida que viria seria o reflexo da vida que se fora, assim como os séculos que estavam por vir sempre refletiriam os já passados.

No princípio, Osíris era um rei mortal e um homem bom e honesto. Era amado por sua mulher e respeitado por seu povo. Mas Seth, seu irmão ciumento, o detestava, tanto que conspirou para matá-lo.

No aniversário de Osíris, seu irmão preparou uma festa com uma atração especial: um espetáculo no qual ele, Seth, seria o mágico. "Preciso de um voluntário para entrar nesta caixa", anunciou ele, e Osíris se ofereceu de bom grado. Os criados de Seth então fecharam rapidamente a tampa da caixa com pregos e a levaram para fora do palácio. Em seguida, diante dos convidados horrorizados, Seth ordenou que a caixa fosse jogada no mar para que o irmão morresse.

E foi o que aconteceu. As ondas carregaram a caixa pelo mar durante muitos dias até chegar às praias da Fenícia. Ísis, a amorosa mulher de Osíris, sofrendo muito, procurou o caixão por toda parte, finalmente o encontrou e levou o corpo de volta para o Egito a fim de enterrá-lo.

Mas Seth ainda não concluíra sua vingança. Esquartejou o corpo em 14 pedaços e o espalhou pelo vale do Nilo para que Osíris não tivesse um enterro decente. Ísis também procurou por eles e encontrou todos exceto um, o pênis, que um peixe do Nilo comera. Segundo uma das versões, Ísis enterrou cada parte mutilada do corpo do marido no lugar onde a encontrou, e mais tarde um altar comemorativo foi erguido em cada um desses lugares – por isso existem tantos santuários para Osíris ao longo do Nilo. De acordo com uma outra versão, mais popular, Ísis juntou os pedaços do corpo e os levou de volta para o palácio real, onde os depositou num leito funerário.

Enquanto estava ajoelhada chorando junto ao cadáver mutilado, o deus Anúbis apareceu. Ele era o deus dos cemitérios e dos funerais, um deus de cabeça de chacal, porque esse animal costumava vaguear pelos cemitérios do Egito. Anúbis teve pena de Ísis e enrolou as partes do corpo de seu amado em várias camadas de ataduras de linho até todas juntas se assemelharem ao corpo que Osíris tivera. Para substituir o pênis que se perdera, Anúbis improvisou um artificial. Depois, recitou palavras e fórmulas mágicas, e de repente o cadáver sentou-se! Osíris fora trazido de volta à vida.

Daí em diante, Osíris se tornou o rei dos mortos, cuja morte, porém, era de fato uma vida. Como Jesus, ele prometeu a todos os que levassem uma vida mortal bondosa e pura que esta continuaria num reino celestial de felicidade e satisfação eternas. Ísis se tornou sua amorosa rainha, e, com a ajuda do pênis artificial, os dois tiveram até um filho, Hórus, que tinha cabeça de falcão. Já adulto, Hórus lutou com Seth e o derrotou numa grande batalha para vingar o mal que fizera a seu pai.

Ao contrário de Hades e Perséfone, soberanos de um reino tenebroso, sinistro e desencarnado onde nenhum prazer era possível e não existia matéria, Osíris e Ísis eram os governantes de um reino feliz onde os que tinham morrido na Terra, mumificados como ele havia sido, viviam numa eterna bem-aventurança de prazeres sensuais, desfrutando de todas as ocupações e bens materiais que tinham antes da morte e da companhia daqueles que amavam.

Talvez somente uma terra como o Egito, tão abençoada pelos deuses da natureza, pudesse ter criado uma vida após a morte tão promissora. Por outro lado, a visão sombria que os gregos tinham da vida de além-túmulo pode tê-los feito viver mais intensamente porque sabiam que era a única existência que teriam.

Esse realismo, no entanto, negava a eles a esperança reconfortante usufruída pelos egípcios. Talvez seja por isso que tantos gregos que se instalaram no Egito e aprenderam seus costumes tenham preferido ser enterrados à maneira egípcia, enrolados como Osíris, esperando que ele e Ísis cuidassem de suas almas e lhes permitissem ser imigrantes numa alegre vida futura.

A JORNADA DA ALMA

Os egípcios antigos acreditavam que o corpo era a morada do espírito e por isso o preservavam. Três formas constituíam o espírito propriamente dito: o *ka*, o *ba* e o *akh*. O *ka* era o que mais se parecia com o que os gregos teriam chamado de espectro, do tipo que residia no reino de Hades. O *ka* era o par espiritual da pessoa e viajava para o reino de Osíris a fim de viver lá para sempre, mas também podia aceitar alimentos de oferendas deixadas na tumba por seus entes queridos. O *ba* era a alma concebida na forma de um pássaro com cabeça humana que, durante o dia, podia voar, invisível, para os lugares por onde andara em vida e carinhosamente tomar conta daqueles que conhecera. O *akh* residia sereno entre as constelações, para sempre circulando no céu em torno da Estrela Polar.

Nenhuma alma, porém, tinha uma vida de eterna felicidade automaticamente garantida. A alma, ou *ka*, antes precisava realizar uma perigosa jornada a partir do leste, seguindo o sol, depois penetrando na escuridão do mundo inferior situado sob o lugar onde ele se põe no oeste. Na escuridão, a alma deparava com monstros tão aterrorizantes quanto os que Hércules ou Perseu encontraram, e com obstáculos tão assustadores quanto os enfrentados por Ulisses em sua odisseia. Para ajudar a alma, porém, existia um guia, um rolo de papiro colocado na tumba que explicava em detalhes com quais orações e hinos, palavras e fórmulas mágicas os monstros e os obstáculos podiam ser derrotados.

Quem possuísse recursos para ter esse rolo de papiro precisava mandar que fosse preparado por um escriba com muita antecedência. Hoje, esses rolos são conhecidos como *Livro dos mortos.*

Chegando ao reino de Osíris, a alma era interrogada por ninguém menos do que o próprio deus da sabedoria, Tot, o de cabeça de íbis. Mas as perguntas que Tot fazia eram sempre as mesmas e as respostas eram previsíveis, pois se baseavam na tradição. Além do mais, estavam todas convenientemente listadas de modo a facilitar a consulta no *Livro dos Mortos.*

Diante de um tribunal, era feita uma confissão individual de boa conduta a cada um dos 42 deuses.

Por fim, realizava-se o maior de todos os testes, para o qual nenhum rolo de papiro comprado podia preparar a alma e nenhuma resposta decorada bastava. O coração era colocado em um dos pratos de uma balança e no outro equilibrava-se a pluma da verdade. Se o coração fosse tão leve quanto a pluma, o prato não desceria e a imortalidade abençoada da alma estaria garantida. Mas se o coração estivesse pesado de pecados, o prato desceria e a alma seria instantaneamente engolida por Aman, o Devorador, um animal horrendo que ficava à espreita. Nesse caso, o falecido morreria de novo, dessa vez para sempre.

Aqueles que passavam pelo teste final tinham diante de si uma vida de eterna bem-aventurança e deleites intermináveis: música para satisfazer os ouvidos, dança para encantar os olhos, o sabor da comida, o perfume do vinho e o contato com os seres amados.

Era com essa finalidade que os egípcios trabalhavam tanto e por um longo tempo preparando a vida além-túmulo. Contrastando com a brevidade desta vida, suas delícias eram infinitas e faziam o esforço valer a pena. Eles não eram obcecados pela morte. Ao contrário: amavam a vida e não toleravam a ideia de perdê-la.

O camponês levaria uma vida simples, sem dificuldades ou sofrimentos, fome ou sede. O nobre, uma vida abastada, aproveitando a abundância de sua propriedade e trabalhando honradamente a serviço de seu rei. Era natural que pensassem que na vida futura existiria a mesma ordem social que havia entre os vivos.

As pirâmides e a esfinge

A cerca de 160 quilômetros ao sul de Alexandria encontra-se a Grande Pirâmide de Quéops, provavelmente o monumento mais antigo do mundo. Esse faraó era tão poderoso que centenas de milhares de pessoas trabalharam para construir sua tumba. Até em seu silêncio, a tumba transmite muitas lições.

Ensina que o que construímos continua a existir por muito tempo depois da nossa morte – ao menos quando se trata de reis que podem dispor do trabalho de milhares de pessoas para erigir monumentos à sua glória. Dos trabalhadores propriamente ditos, pouco se pode dizer exceto que trabalharam com dedicação para servir seu senhor. Prestaram serviço à memória dele, mas a deles mesmos se perdeu quase por completo.

A Grande Pirâmide é testemunho de um egoísmo colossal de pessoas poderosas, mas também é uma prova do vazio de seus sonhos. A ganância destruiu as esperanças do poderoso Quéops. Em vez dele, outros reivindicaram seus tesouros. O ouro roubado foi derretido faz muito tempo. Os hieróglifos que representavam seu nome se dissolveram no caldeirão fervente dos ladrões de túmulos. Portanto, sua pirâmide nos ensina igualmente a grandeza e a pequenez do homem que busca sobreviver a seus bens materiais.

Não muito longe da Grande Pirâmide, a Esfinge se esparrama no chão do deserto. Ela é um enorme leão esculpido com o calcário da rocha estratificada e grande parte dela costuma ficar coberta de uma densa camada de areia levada pelo vento. Acredita-se que o rosto da Esfinge seja o de um faraó que governou o Egito há muitos séculos. Os antigos chamavam o sucessor de Quéops de Khaf-re, ou Quéfren. Ao lado da Esfinge, que guarda o caminho, encontra-se a calçada de pedra que vai do rio Nilo até a pirâmide de Quéfren.

A Esfinge é muito orgulhosa e nem um pouco assustadora, mas os visitantes de muito tempo atrás realmente ficavam assustados com a sua presença. Eram gregos, que certamente não teriam se assustado com o que pode ser compreendido, muito menos com uma obra de arte que só *se parece* com uma coisa viva, não *está* viva. Esses gregos devem ter sido soldados, mercenários vindos da Grécia para servir um rei estrangeiro. Não eram filósofos e viveram antes que os gregos fizessem suas próprias estátuas, por isso era natural que se assustassem com um animal tão grande, pensando que era um monstro, e o contemplassem com reverência. Talvez seja essa a razão por que, na tradição grega, a Esfinge se tornou um monstro que aterrorizava os homens, como o que Édipo encontrou na estrada para Tebas.

Quando Heródoto visitou o Egito no século V, falaram-lhe de um pássaro estranho e sagrado chamado fênix. Enfeitado com uma plumagem vermelha e dourada, ia ao Egito a cada 500 anos, carregando o corpo embalsamado de seu pai num imenso ovo, que a ave zelosamente depositava no templo de Ra.

Outros lhe disseram que a fênix era um pássaro mais estranho ainda, que na realidade era seu próprio pai, ou sua própria mãe. Quando sentia que estava prestes a morrer, construía uma grande pira e se instalava dentro dela. E depois que a pira era acesa e o corpo da velha fênix se queimava, das cinzas surgia um novo pássaro. Desse modo, a fênix ressurgia das ruínas de si mesma e se renovava eternamente.

O Egito antigo é a própria fênix. Sua busca pela vida eterna foi bem-sucedida e seus monumentos milenares o tornaram eterno.

ANTIGA MESOPOTÂMIA

Historiadores chamam o antigo Iraque de Mesopotâmia, que significa "terra entre rios" – o Tigre (a leste) e o Eufrates (a oeste). Ao longo de suas margens férteis e alimentada por suas águas, uma civilização primitiva floresceu aproximadamente na mesma época que a egípcia. O ambiente ligado à água nos dois países e a abundância agrícola favoreceram o surgimento das primeiras civilizações nessas terras.

Esses dois rios, porém, eram muito diferentes do Nilo. As águas do rio egípcio subiam de modo suave e com uma regularidade previsível todos os anos, inundando gradualmente as margens e depositando um sedimento fertilizante fresco nos campos dos fazendeiros. O Tigre e o Eufrates também transbordavam, mas de maneira violenta e imprevisível, acabando com o trabalho dos homens e destruindo cidades inteiras.

As notáveis diferenças ecológicas entre o Egito e a Mesopotâmia geraram ideologias consideravelmente diferentes. Enquanto os antigos egípcios sentiam gratidão pela benevolência dos deuses, os antigos mesopotâmicos temiam sua fúria inconstante. Enquanto os egípcios, otimistas, acreditavam na certeza da imortalidade, os pessimistas mesopotâmicos concluíam que havia pouco a esperar além desta vida.

Reconhecendo humildemente sua impotência em controlar o próprio destino, os mesopotâmicos ergueram santuários aos seus deuses em cima de altos patamares superpostos chamados zigurates. Na superfície rasa da planície aluvial em que os mesopotâmicos viviam, os zigurates serviam de montanhas artificiais que permitiam aos deuses descer mais depressa do céu para a terra.

A Mesopotâmia, no entanto, não era abençoada com a abundância de pedra que tinha o Egito. Por isso, o povo construiu suas pirâmides escalonadas com tijolos feitos com a lama e o barro de seus rios. Esse fato fez com que os monumentos não durassem tanto como as obras egípcias. Ainda assim, seus contornos desintegrados ainda pontilham a paisagem do Iraque, hoje árida, como velhas casquinhas de sorvete de chocolate se derretendo ao sol ardente.

Sem uma teologia baseada na esperança, o povo da Mesopotâmia mesmo assim se aferrou à tênue crença de que poderia haver algo além da morte. Temos conhecimento disso por causa das oferendas que eram colocadas nas tumbas ao lado dos corpos dos mortos por seus parentes, a fim de que os entes queridos pudessem gozar uma vida confortável no além-túmulo. Algumas tumbas reais, como as que foram desenterradas na cidade de Ur, continham até esplêndidas armaduras douradas e joias condizentes com seus ocupantes, bem como liras e jogos de tabuleiro para diverti-los durante as horas infindáveis da eternidade. Mas a maioria não esperava tanto luxo ou tranquilidade espiritual. Para essas pessoas, o mundo inferior era retratado em tons sombrios, como o Hades de Homero. E, como o reino dos mortos egípcio, esse destino deprimente era o "fim da linha" para todo mundo. O povo da antiga Mesopotâmia nem por isso imitou os gregos antigos, que, diante da perspectiva da morte, escolheram viver com apaixonada e desafiadora intensidade.

A lenda de Gilgamesh

De todas as obras da literatura mesopotâmica, a mais impressionante é a *Epopeia de Gilgamesh*. O épico tem o nome de seu personagem principal, Gilgamesh, um rei herói que procurava o segredo da vida eterna e, depois de muitos esforços, acabou encontrando a sabedoria e seu consolo.

No início de seu reinado, na cidade de Uruk, ele exerceu o poder com arrogância, atormentando rapazes ao se deitar com a noiva deles antes do casamento. Para terminar com seu reinado de opressão, os deuses criaram um guerreiro chamado Enkidu, um brutamontes musculoso e cabeludo que vivia em regiões ermas e que, como Tarzan, era amigo dos animais. Enkidu e Gilgamesh acabaram se enfrentando numa luta corporal que terminou em empate. A partir daí, se tornaram companheiros e partiram para uma grande aventura: matar o monstro Humbaba, guardião da Floresta de Cedro. Apesar de derrotarem a criatura, um incidente posterior custou a vida de Enkidu. Desesperado com a morte do melhor amigo e tomando consciência da própria mortalidade, Gilgamesh saiu em busca do segredo da vida eterna. Descobriria esse segredo quando encontrasse um homem sábio chamado Utnapishtim, que, como Noé, sobrevivera ao Grande Dilúvio.

No decorrer de sua longa e perigosa jornada, parou numa taberna mantida por uma divindade. Esta, ao tomar conhecimento da missão de Gilgamesh, o alertou para a inutilidade daquilo e insistiu para que desistisse.

A vida que procura,
você vai encontrar,
pois quando os deuses fizeram o homem
deixaram para ele a morte
e reservaram a vida para si.
Portanto, Gilgamesh, coma e beba à vontade.
Comemore dia e noite
e faça de cada dia uma festa.
Noite e dia, dance e se divirta.
Verifique seus trajes: que eles brilhem;
lave o cabelo e banhe-se.
Cuide da criança que segura sua mão
e deixe sua mulher apreciar seu abraço.
Pois isso é que é próprio do homem.

Sem se convencer, porém, Gilgamesh prosseguiu em sua busca, cruzando as Águas da Morte e chegando ao lugar onde Utnapishtim morava. Com pena do viajante exausto, o sábio contou a ele sobre uma planta mágica que crescia no fundo do mar e devolvia a juventude às pessoas. Depois de mergulhar e arrancar a planta do fundo do mar, Gilgamesh iniciou a viagem de volta para casa. Ao parar junto a um pequeno lago para descansar, colocou a planta no chão à beira da água e uma serpente a roubou. E assim ele perdeu sua última esperança de obter a vida eterna.

Desolado, voltou à sua cidade. Ao se aproximar, contemplou suas sólidas muralhas, que ele próprio havia construído. Só então percebeu que nossa verdadeira salvação não consiste numa procura vã pela imortalidade, e sim nas obras que deixamos para trás. Nossa missão de fato é viver voltados para o presente e amar aqueles que nos amam, beneficiando os outros pelas nossas ações.

DUAS TERRAS, DOIS CAMINHOS

As águas do Tigre e do Eufrates corriam do norte para o sul. As do Nilo, na direção oposta. De modo semelhante, as pessoas das duas terras encaravam a morte de perspectivas diferentes: os mesopotâmicos acreditavam no inexorável fim da vida e os egípcios, em sua alegre continuação. Entretanto, os dois povos encontravam consolo em ambos os contextos e orientação espiritual nos mitos que os guiavam.

OUTRAS MONTANHAS

A leste do Egito e da Mesopotâmia há outras montanhas a subir que simbolizam a sabedoria da Ásia. Essa expedição ultrapassaria os limites desta curta obra, mas existem outros guias de viagem que podem conduzi-los no restante do caminho.

Como o nosso tema foi a sabedoria grega, talvez seja conveniente encerrarmos com outro mito helênico.

A HISTÓRIA DE ÓRION

O caçador Órion perseguiu durante muito tempo a princesa Mérope, querendo se casar com ela. Mas o pai dela sempre o desencorajava. Órion não aguentou a frustração e violentou a princesa. Para se vingar, o pai dela o cegou enquanto ele dormia.

O caçador descobriu que poderia recuperar a visão e se purificar de seu pecado se viajasse para o leste e olhasse para o sol quando este nascesse no horizonte nos confins do mundo. Mas como fazer uma viagem tão longa se Órion estava cego?

De acordo com a lenda, ele encontrou um menino para guiá-lo. Colocou-o nos ombros e seguiu para o leste, onde a manhã despontava. Assim que o sol começou a nascer, Órion virou os olhos para o calor de seus raios e se curou da cegueira que afligira tanto seu corpo como sua alma. Quando morreu, foi posto entre as estrelas, transformado em constelação e eterno guia para a humanidade.

Brilhando na escuridão celestial, o caçador Órion mostra que, com ajuda, todos nós, sejam quais forem os nossos pecados, podemos fazer uma longa viagem como ele fez. E que, no fim dessa jornada, nossa cegueira pode ser curada pela luz intensa de um sol distante. Esse sol, a luz da sabedoria, está à nossa espera.

EPÍLOGO

Chegando ao topo

AO SEGUIR O EXEMPLO DOS GREGOS ANTIGOS e simbolicamente subir o Olimpo, temos de reconhecer que aqueles que nos precederam jamais chegaram ao topo da montanha. Eles eram humanos como nós, cheios de imperfeições. Mas, como nós, eles também desejavam se tornar melhores do que eram. Essa firme determinação é o que nos inspira hoje.

Na realidade, *não existe* topo, nenhum ponto final que vai assinalar o fim de nossos esforços. Mesmo que houvesse, a vida seria curta demais para que o alcançássemos. Galgar o Olimpo significa continuar a subida: é o processo contínuo de *se tornar* – mais do que o fato de ter se tornado – que deve ser nosso objetivo.

Os gregos antigos não nos oferecem respostas definitivas. Não é esse o legado que eles nos deixaram. Sua dádiva consiste nas perguntas que nos fazemos até hoje: O que significa ser humano? O que pode significar? O que devemos a nós mesmos? O que devemos aos outros? Até que ponto podemos ir, quais são os nossos limites? Qual é o preço que temos de pagar para chegar lá?

Essas perguntas atravessam as fronteiras de espaço e de tempo, de nacionalidade e história. A tradição clássica se manteve viva por mais de dois milênios porque cada geração, sucessivamente, ouviu essas perguntas lhe serem dirigidas e encontrou na literatura clássica um comentário aplicável a seu próprio tempo. Isso acontece porque a tradição clássica está fundamentada na intenção de compreender a natureza humana e, por isso, é universal.

Se algum dia alienígenas vierem ao nosso planeta, não precisarão ir muito além dos mitos da Grécia para entender nossa raça. E, quando esse dia chegar, só precisaremos entregar um livro a eles. Até lá, o monte Olimpo permanece em seu lugar, imponente, com o topo coberto de neve, nos convidando a nos tornarmos a pessoa que podemos ser.

Se você construiu castelos no ar,
seu trabalho ainda pode ser aproveitado;
é lá mesmo que eles devem ficar.
Agora, ponha fundações debaixo deles.

Henry David Thoreau, *Walden*

Principais deuses gregos

*Os deuses do Olimpo**

Zeus (Júpiter): rei dos deuses, deus da justiça.

Hera (Juno): rainha dos deuses, irmã e mulher de Zeus.

Poseidon (Netuno): deus do mar, irmão de Zeus.

Deméter (Ceres): deusa dos cereais e da fertilidade da terra, irmã de Zeus.

Héstia (Vesta): deusa do lar e da casa, irmã de Zeus.

Filhos de Zeus

Ares (Marte): deus da guerra.

Apolo (Apolo): deus da luz, das profecias, da música, da poesia e da dança.

Hermes (Mercúrio): mensageiro dos deuses, deus do comércio.

Hefesto (Vulcano): o deus artífice.

Filhas de Zeus

Atena (Minerva): deusa virgem da sabedoria e da inteligência, protetora da cidade de Atenas.

Ártemis (Diana): deusa virgem da caça, irmã gêmea de Apolo.

Afrodite (Vênus): deusa da atração sexual e da paixão (segundo outro mito, nascida do deus Urano).

---

* Entre parênteses estão os nomes que foram dados aos mesmos deuses pelos romanos.

Outras divindades

Hades (Plutão): deus dos mortos, irmão de Zeus.

Dioniso (Baco): deus do vinho (acabou ocupando o lugar de Héstia entre os 12 deuses olímpicos).

Héracles (Hércules): grande herói que, ao morrer, se tornou o 13º deus olímpico.

Principais acontecimentos da história da Grécia antiga

Cerca de 1900 a.C. – Os primeiros imigrantes de língua grega se instalam na terra que chamamos Grécia.

Cerca de 1700 a.C. – A cidade de Micenas passa a ganhar mais importância.

Cerca de 1450 a.C. – Os micênicos assumem o controle de Cnossos.

Cerca de 1270-1260 a.C. – Guerra de Troia (gregos × troianos).

Cerca de 1200-1100 a.C. – Colapso do Império Micênico.

Cerca de 1100-750 a.C. – Idade das Trevas.

Cerca de 750-490 a.C. – Período Arcaico.

Cerca de 490-404 a.C. – Período Clássico.

490 a 480-479 a.C. – Guerras Persas (também chamadas Guerras Médicas, gregos × persas).

431-404 a.C. – Guerra do Peloponeso (Atenas × Esparta).

336-323 a.C. – Início da carreira de Alexandre, o Grande e começo da Era Helenística.

146 a.C. – Roma adquire predominância sobre a Grécia.

Agradecimentos

Ao atravessar o golfo que separa o passado do presente, tenho uma dívida de gratidão para com dois de meus professores já falecidos, Moses Hadas e Gilbert Highet, que me ensinaram que as margens do tempo estão muito mais próximas do que poderíamos imaginar, banhadas que são pelas águas do espírito humano. Por me inspirarem a navegar nessas águas, também sou grato aos muitos alunos que durante quatro décadas fretaram meu navio.

Nenhuma embarcação literária, por mais inspirada que seja, pode levantar âncora hoje em dia sem um fiel imediato e uma tripulação competente. Minha gratidão, portanto, vai para meu agente literário, Ed Knappman, e para meus editores, Hillel Black, Amy Baxter e Stuart Miller, por seu empenho na realização desta viagem. Meus agradecimentos especiais também para Diana Wu por traçar meu rumo em seu computador.

Para saber mais

A MANEIRA MAIS DIRETA DE TER ACESSO ao modo de pensar e agir dos gregos antigos é por meio de sua arte e de sua literatura. Entretanto, como muitas vezes pode ser difícil interpretar as obras artísticas que eles nos deixaram, é na literatura que podemos encontrar uma articulação mais explícita das ideias deles.

A língua grega antiga continua a ser ensinada em muitas universidades de bom nível e também temos a sorte de dispor de traduções modernas dos principais autores clássicos, sendo novas traduções publicadas todos os anos.

A seguir estão alguns dos temas e gêneros mais comuns e os autores gregos mais importantes que escreveram sobre eles.

Epopeia: Homero, Hesíodo e Apolônio de Rodes.

Poesia lírica: Safo e Píndaro.

Teatro: Ésquilo, Sófocles e Eurípides (tragédia), Aristófanes e Menandro (comédia).

História: Heródoto e Tucídides.

Filosofia: Platão e Aristóteles.

Biografia: Plutarco.

CONHEÇA OUTROS TÍTULOS DA EDITORA SEXTANTE

Nietzsche para estressados

Allan Percy

Nietzsche para estressados é um manual inteligente e estimulante que reúne 99 máximas do gênio alemão e sua aplicação a várias situações do dia a dia. A sabedoria de Nietzsche é de grande utilidade na busca de uma solução para uma série de problemas, tanto na vida pessoal quanto na profissional.

Esse breve curso de filosofia cotidiana foi criado por Allan Percy para nos auxiliar nos momentos em que precisamos tomar decisões, recuperar o ânimo, encontrar o caminho certo e relativizar a importância dos fatos da vida. É indicado para quem procura inspiração no pensamento do filósofo mais influente da era moderna para combater as angústias e os medos dos dias de hoje.

Cada capítulo é iniciado por um aforismo do mestre, seguido de uma interpretação atual. Muitas vezes, sua sabedoria é associada às ideias de outros autores renomados, enriquecendo ainda mais o assunto.

O legado de Nietzsche induz à reflexão e oferece uma forma inovadora de superar as dificuldades. Conheça algumas de suas frases marcantes:

- O que não nos mata nos fortalece.
- O destino dos seres humanos é feito de momentos felizes e não de épocas felizes.
- Quem tem uma razão de viver é capaz de suportar qualquer coisa.
- O reino dos céus é uma condição do coração e não algo que cai na terra ou que surge depois da morte.
- Não há razão para buscar o sofrimento, mas, se ele surgir em sua vida, não tenha medo: encare-o de frente e com a cabeça erguida.
- Os maiores êxitos não são os que fazem mais ruído e sim nossas horas mais silenciosas.
- Quem deseja aprender a voar deve primeiro aprender a caminhar, a correr, a escalar e a dançar. Não se aprende a voar voando.

O Ponto da Virada
Malcolm Gladwell

Você já ficou intrigado pensando no que faz com que um produto, um serviço ou mesmo atitudes virem moda da noite para o dia? Já imaginou que tipo de mudança faz, por exemplo, com que livros desconhecidos se transformem em best-sellers? Ou o que explica o aumento do consumo de cigarros entre os adolescentes, apesar da campanha antitabagista?

Nesse livro – que já vendeu 5 milhões de exemplares em todo o mundo – Malcolm Gladwell apresenta uma maneira instigante e original de entender fenômenos sociais desse tipo: vê-los como epidemias.

"Ideias, produtos, mensagens e comportamentos se espalham como vírus", diz o autor. E o momento decisivo em que essas novidades se alastram – ou se acabam – é o que ele chama de o Ponto da Virada. Esse instante crítico surge com mudanças que, embora pequenas, surtem um efeito extraordinário.

Mas nem sempre as novidades contagiantes são benéficas. Basta pensar na epidemia de suicídios que arrebatou adolescentes da Micronésia por uma década depois que um jovem rico e carismático tirou a própria vida.

Partindo dessa tremenda influência que sofremos do meio, Gladwell pergunta: por que então algumas epidemias que poderiam ser "boas" não emplacam, como é o caso da campanha antitabagista entre os jovens?

Sua reposta é que as pessoas podem transformar radicalmente seus comportamentos ou suas crenças desde que estejam diante do estímulo certo. E aqui ele nos mostra como identificar e até construir esses estímulos.

Fora de série – Outliers
Malcolm Gladwell

O que torna algumas pessoas capazes de atingir um sucesso tão extraordinário e peculiar a ponto de serem chamadas de "fora de série"?

Costumamos acreditar que trajetórias excepcionais, como a dos gênios que revolucionam o mundo dos negócios, das artes, das ciências e dos esportes, devem-se unicamente ao talento. Mas nesse livro você verá que o universo das personalidades brilhantes esconde uma lógica muito mais fascinante e complexa do que aparenta.

Baseando-se na história de celebridades como Bill Gates, os Beatles e Mozart, Malcolm Gladwell mostra que ninguém "se faz sozinho". Todos os que se destacam por uma atuação fenomenal são, invariavelmente, pessoas que se beneficiaram de oportunidades incríveis, vantagens ocultas e heranças culturais. Tiveram a chance de aprender, trabalhar duro e interagir com o mundo de uma forma singular. Esses são os indivíduos fora de série – os *outliers*.

Para Gladwell, mais importante do que entender como são essas pessoas é saber qual é sua cultura, a época em que nasceram, quem são seus amigos, sua família e o local de origem de seus antepassados, pois tudo isso exerce um impacto fundamental no padrão de qualidade das realizações humanas. E ele menciona a história de sua própria família como exemplo disso.

Outro dado surpreendente apontado pelo autor é o fato de que, para se alcançar o nível de excelência em qualquer atividade e se tornar alguém altamente bem-sucedido, são necessárias nada menos do que 10 mil horas de prática – o equivalente a três horas por dia (ou 20 horas por semana) de treinamento durante 10 anos.

Com esse livro você saberá também de que maneira os legados culturais explicam questões interessantes, como o espantoso domínio que os asiáticos têm da matemática e o fato de o número de acidentes aéreos ser significativamente mais alto nos países onde as pessoas se encontram a uma distância muito grande do poder.

O ócio criativo
Domenico De Masi

Em *O ócio criativo*, Domenico De Masi elabora não apenas os temas da sociedade pós-industrial, do tempo livre e da criatividade, como também as questões da globalização, do desenvolvimento sem emprego, da feminilização, do declínio das ideologias tradicionais e dos sujeitos sociais emergentes.

A conversa tem como pano de fundo uma profunda insatisfação com o modelo social estabelecido pelo Ocidente, sobretudo pelos Estados Unidos, centrado na idolatria do trabalho, do mercado e da competitividade. A este é contraposto um novo modelo com as seguintes premissas:

- baseado na simultaneidade entre trabalho, estudo e lazer;
- centrado mais no crescente tempo livre do que no tempo decrescente dedicado ao trabalho;
- atento à distribuição equânime da riqueza, assim como à sua produção de forma eficiente;
- voltado para a redistribuição do tempo, do trabalho, da riqueza, do saber e do poder;
- atento à educação dos indivíduos e da sociedade no sentido de privilegiar a satisfação de necessidades radicais, como a introspecção, o convívio, a amizade, o amor e as atividades lúdicas.

Um novo mundo – O despertar de uma nova consciência
Eckhart Tolle

Mais do que em qualquer outra época de sua história, a humanidade tem hoje a chance de criar um mundo novo – mais evoluído espiritualmente, mais pleno de amor e sanidade. Para Eckhart Tolle, autor de *O Poder do Agora*, clássico da literatura espiritual, estamos vivendo um momento único e maravilhoso: o do despertar de uma nova consciência.

Ele nos mostra que o salto para essa nova realidade depende de uma mudança interna radical em cada um de nós. Precisamos nos livrar do controle do ego, pois essa é a fonte de todo o sofrimento humano. Sob seu domínio, somos incapazes de ver a dor que infligimos a nós mesmos e aos outros.

No momento em que despertamos, o pensamento perde a ascendência sobre nós e se torna o servo da consciência, que é a ligação com a inteligência universal, a fonte da vida da qual todos nós procedemos.

Enquanto desvenda a natureza dessa mudança de consciência, Tolle nos ensina a vencer as artimanhas que o ego utiliza para nos isolar uns dos outros. De forma inspiradora e surpreendente, ele nos ajuda a descobrir o nosso verdadeiro eu, a essência humana genuína que nos permitirá construir o novo mundo e viver em harmonia com tudo o que existe.

CONHEÇA OS 50 CLÁSSICOS DA EDITORA SEXTANTE

Espiritualidade/Inspiração

A cabana, de William P. Young
Muitas vidas, muitos mestres, de Brian Weiss
Jesus, o maior psicólogo que já existiu, de Mark W. Baker
Conversando com os espíritos, de James Van Praagh
A última grande lição, de Mitch Albom
O Mestre dos Mestres, de Augusto Cury
O Poder do Agora, de Eckhart Tolle

Negócios

O monge e o executivo, de James C. Hunter
Como se tornar um líder servidor, de James C. Hunter
Jesus, o maior líder que já existiu, de Laurie Beth Jones
O ócio criativo, de Domenico De Masi
Faça o que tem de ser feito, de Bob Nelson
A hora da verdade, de Jan Carlzon
Transformando suor em ouro, de Bernardinho

Ficção

O Código Da Vinci, de Dan Brown
Ponto de Impacto, de Dan Brown
Anjos e Demônios, de Dan Brown
Fortaleza Digital, de Dan Brown
As cinco pessoas que você encontra no céu, de Mitch Albom
O guardião de memórias, de Kim Edwards
A conspiração franciscana, de John Sack

Livros de bolso

Dez leis para ser feliz, de Augusto Cury
Seja líder de si mesmo, de Augusto Cury
Você é insubstituível, de Augusto Cury
Palavras de sabedoria, de Sua Santidade, o Dalai-Lama
A vida é bela, de Dominique Glocheux
Filtro solar, de Mary Schmich

Posso conseguir o que desejo, de Iyanla Vanzant
Quem acredita sempre alcança, de Peter McWilliams

Autoajuda

Por que os homens fazem sexo e as mulheres fazem amor?, de Allan e Barbara Pease
Desvendando os segredos da linguagem corporal, de Allan e Barbara Pease
Por que os homens mentem e as mulheres choram?, de Allan e Barbara Pease
Nunca desista de seus sonhos, de Augusto Cury
Pais brilhantes, professores fascinantes, de Augusto Cury
Não leve a vida tão a sério, de Hugh Prather
Mantenha o seu cérebro vivo, de Laurence Katz e Manning Rubin
A Boa Sorte, de Álex Rovira Celma e Fernando Trías de Bes
Enquanto o amor não vem, de Iyanla Vanzant
O poder da paciência, de M. J. Ryan
Os segredos da mente milionária, de Harv T. Ecker

Coleção Você S.A.

Aprendendo a lidar com pessoas difíceis, de Rick Brinkman e Rick Kirschner
Como administrar seu tempo, de Marc Mancini
Como motivar sua equipe, de Anne Bruce

Coleção Autoestima

O poder das afirmações positivas, de Louise Hay
Histórias para aquecer o coração, de Jack Canfield e Mark Victor Hansen
Lições sobre amar e viver, de Morrie Schwartz

Referência

1001 filmes para ver antes de morrer, de Steven Jay Schneider
1001 discos para ouvir antes de morrer, de Robert Dimery
1001 vinhos para beber antes de morrer, de Neil Beckett
1.000 lugares para conhecer antes de morrer, de Patricia Schultz

Informações sobre os próximos lançamentos

Para receber informações sobre os lançamentos da EDITORA SEXTANTE, basta cadastrar-se diretamente no site www.sextante.com.br

Para saber mais sobre nossos títulos e autores e enviar seus comentários sobre este livro, visite o site www.sextante.com.br ou mande um e-mail para atendimento@esextante.com.br

EDITORA SEXTANTE
Rua Voluntários da Pátria, 45 / 1.404 – Botafogo
Rio de Janeiro – RJ – 22270-000 – Brasil
Telefone: (21) 2538-4100 – Fax: (21) 2286-9244
E-mail: atendimento@esextante.com.br